Embarque 3
Libro de ejercicios

Montserrat Alonso Cuenca
Rocío Prieto Prieto

Índice

edelsa
GRUPO DIDASCALIA, S.A.
Plaza Ciudad de Salta, 3 - 28043 MADRID - (ESPAÑA)
TEL.: (34) 914.165.511 - (34) 915.106.710
FAX: (34) 914.165.411
e-mail: edelsa@edelsa.es
www.edelsa.es

Día de la Diversidad Cultural

Léxico

LA VIDA EN LA CALLE

1 Completa qué dice cada persona con una de las expresiones siguientes.

> • hacer un recado   • ir arreglada, pero informal   • tomar el fresco
> • pagar a escote   • jugar una partida de cartas
> • charlar un rato   • pagar una ronda   • quedar

a. • ¿Has llamado a Julia?
   • Sí, y .... esta tarde para .... porque no la he visto desde hace un mes y tengo que contarle muchas cosas.

b. ¡Qué calor hace! Me voy a la calle a ....

c. Oye, ¿me puedes ....? Acabo de venir de la compra y se me ha olvidado el arroz para hacer la paella.

d. Prefiero .... No me gusta pagar lo que toman otros.

e. ¿Quieres ....? Quien pierda ....

f. ¡Qué bien viste esta mujer! Siempre ....

2 Elige tres de las expresiones anteriores y explícalas con tus propias palabras.

1. ....
2. ....
3. ....

LA PLAYA

3 Observa la foto y escribe, como mínimo, diez palabras relacionadas con un día de playa.

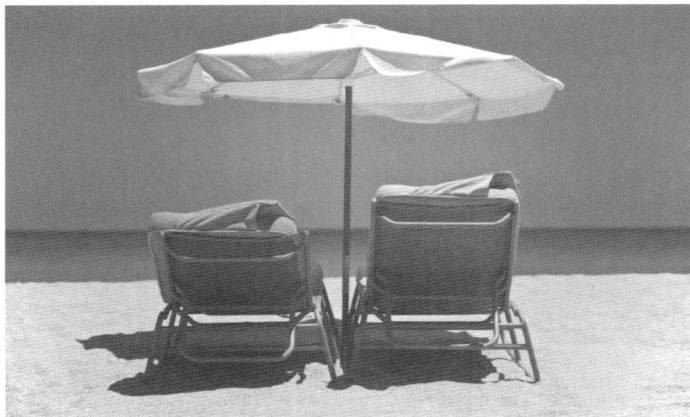

1. ....
2. ....
3. ....
4. ....
5. ....
6. ....
7. ....
8. ....
9. ....
10. ....

4 Relaciona cada una de estas palabras con la acción adecuada.

> • un baño • por la orilla • en la arena • una hamaca • al chiringuito
> • la espalda • el sol • por el paseo marítimo • un refresco
> • una crema protectora • en el parque • al puesto de socorro
> • una sombrilla • los hombros

1. Pasear ....
2. Darse ....
3. Tomar ....
4. Jugar ....
5. Ir ....
6. Quemarse ....
7. Alquilar ....

EXPRESIONES IDIOMÁTICAS

5 Completa los diálogos con estas expresiones.

> • hacer el agosto • haber un montón de gente • dar gato por liebre

1. A. ¿Quedamos en la terraza del bar La Costa Azul para cenar?
   B. Vale, pero ¿dónde está?
   A. En el paseo marítimo. Al lado del puesto de socorro.
   B. ¿A qué hora?
   A. A las 10.
   B. Uf. A esa hora .... ¿Y si quedamos antes?

2. A. ¿Qué tal el hotel?
   B. Fatal. Nos dijeron que la habitación tenía vistas al mar y resulta que daba a un patio interior.
   A. Vamos que ....
   B. Pues sí. Nos tomaron el pelo.

3. A. ¿Qué tal ayer en la playa?
   B. Así, así.
   A. ¿Y eso? ¿Qué pasó?
   B. Pues que olvidé la toalla y tuve que alquilar una hamaca. ¡Carísima!
   A. Vamos, que .... contigo.

LA NAVIDAD

6 Continúa las secuencias con una de estas palabras.

> • uvas • fuegos artificiales • medianoche • brindar

1. Beber, celebrar, ...
2. Vid, racimo, ...
3. Noche, cohetes, ...
4. Mañana, tarde, ...

7 Completa las frases con el nombre de lo que aparece en estas imágenes.

1. Todos los años me pongo el mismo .... Los niños, cuando me ven, se ponen muy contentos y me piden juguetes.
2. Con este fantástico .... nadie me reconoce.
3. El .... de este año es más caro porque tiene .... brillantes y un matasuegras gigante.

8 Sustituye las expresiones marcadas por una sinónima del cuadro. Después contesta las preguntas.

• tomar el fresco • charlar un rato • pagar una ronda • ir al chiringuito • tomar unas raciones • dar gato por liebre • darse un baño • tomar el sol • brindar • uvas • el cotillón • fuegos artificiales • campanada • felicitarse el año • Nochevieja • la familia • medianoche

Vacaciones de verano e invierno

A la mayoría de los españoles les gusta pasar las vacaciones de verano en la playa con la familia o amigos. Suelen ir a un hotel o alquilar un apartamento. Todas las mañanas van a la playa a *bañarse* .... en el mar y a *broncearse* .... tumbados en la arena. Al mediodía *van al bar* .... para tomar algo. Por la tarde les gusta caminar por el paseo marítimo y *disfrutar del viento* .... sentados en algún banco mirando al mar. Por la noche quedan con los amigos para *hablar un poco* .... y *tomar unas tapas* ....

Muchas veces, cada uno *invita a una consumición* .... y no les gusta que les *engañen* .... cuando piden algo. Por el contrario, las vacaciones de Navidad las pasan en casa. En *la última noche del año* .... se reúne *el grupo* .... para cenar. A *las 12 de la noche* .... suenan las campanadas y justo en ese momento toman *frutos de la vid* .... Una por cada *sonido* .... Después *se saludan* .... con las copas y *se desean un feliz año* .... viendo los *cohetes* .... que tiran al cielo. Después quedan con los amigos y se van a la discoteca. Aquí les dan *la bolsa con adornos y objetos de broma* ....

1. ¿Dónde y con quién pasan los españoles las vacaciones de verano y de Navidad?
   ....
2. ¿Qué hacen?
   ....

9 Escribe un párrafo describiendo una costumbre típica de tu país durante las vacaciones.
....
....
....

Gramática y Funciones

EL PRETÉRITO PERFECTO SIMPLE. VERBOS REGULARES E IRREGULARES

1 Escribe el pretérito perfecto simple de estos verbos.

1. estar, yo ....
2. morir, ellos ....
3. poner, ustedes ....
4. decir, él ....
5. caer, ellos ....
6. dar, vosotros ....
7. creer, ella ....

8. ir, tú ....
9. conducir, él ....
10. querer, ella ....
11. traer, yo ....
12. andar, vosotros ....
13. divertirse, usted ....
14. vestirse, nosotros ....

2 a. Completa el texto de este blog con los verbos en pretérito perfecto simple.

| B | 🔍 | Compartir Informar sobre mal uso Siguiente blog» Crear un blog Acceder |

RELATOS DE VIAJES

Mi último viaje (ser) .... hace muy poco. (Regresar) .... la semana pasada de Europa. (Cumplir) .... mi sueño: conocer el pueblo de mi abuela en España. Mi abuela (emigrar) .... a Buenos Aires y (formar) .... su familia en Argentina.
Ella (morir) .... hace unos años y, como yo el año pasado (obtener) .... su nacionalidad, (decidir) .... conocer el origen de mi familia en España.
Me (poner) ....en contacto con la familia que (quedarse) .... allá. Cuando (llamar) .... por teléfono, todos (ponerse) .... muy contentos y (caerse a mí) .... las lágrimas.
Después cuando (llegar) .... al pueblo, (conocer) .... a uno de mis tíos y me (presentar) .... a su mujer y a sus hijas. Esto es algo que no voy a olvidar jamás.
De repente (descubrir) .... que aunque mi abuela no me había contado muchas cosas de su pueblo, algunas las (conocer) .... a través de la comida y de las costumbres.
Reencontrar esas costumbres (ser) .... reencontrar algo de mi abuela, ver lo que ella (ver) ...., caminar por los mismos caminos, dormir donde ella (dormir) ....
En fin, toda una experiencia.

Adaptado de www.holidaycheck.es

b. Resume el texto anterior.

....
....
....

EL PRETÉRITO IMPERFECTO. VERBOS REGULARES E IRREGULARES

3 Completa las frases con uno de los verbos del cuadro en pretérito imperfecto.

| • ir | • saludar | • jugar | • tener | • invitar | • regalar |
| • ser | • llevar | • ver | • abrir | • dar | |

1. Siempre que alguien me .... algo, lo .... inmediatamente.
2. Generalmente cuando mis amigos me .... a cenar, ... dulces.

3. Ella, unas veces, ... dando dos besos y otras, ... la mano.
4. Mis amigos nunca .... a las cartas conmigo.
5. Casi siempre la comida .... mucha grasa.
6. En aquella época yo .... muy buena anfitriona.
7. Mi familia siempre .... a veranear a Mallorca.
8. Nosotros nunca .... perros en la playa.

LAS EXPRESIONES DE TIEMPO

4 Completa con una frase según la foto que ves.

1. Ayer ....
....

2. El otro día ....
....

3. En junio ....
....

4. Todos los años ....
....

5. Siempre ....
....

6. En aquella época ....
....

EL CONTRASTE PRETÉRITO PERFECTO SIMPLE/PRETÉRITO IMPERFECTO

5 Selecciona la opción correcta.

1. Hace dos años los Reyes Magos me *trajeron/traían* muchos regalos. Uno *tuvo/tenía* luces rojas y *fue/era* de color rojo.
2. Ayer *fue/era* el cumpleaños de Raúl y *rompió/rompía* una piñata. *Hubo/Había* muchas golosinas.
3. Anoche *quedé/quedaba* con unos amigos para tomar algo. Todos *fueron/iban* arreglados, pero informales.
4. El último día todos *pagaron/pagaban* una ronda menos tú.
5. El 2 de noviembre mis amigos de México *celebraron/celebraban* el Día de Muertos. *Hubo/Había* muchos altares.
6. El verano pasado mi familia *estuvo/estaba* en Bolivia. Allí *vio/veía* diferentes tipos de danzas. Los danzantes *llevaron/llevaban* ropa de muchos colores.
7. En 2012 Claudia y Lucía *viajaron/viajaban* a Mar de Plata. *Estuvieron/Estaban* en la fiesta de los pescadores. *Hizo/Hacía* muy buen tiempo.

6 Completa el texto con un verbo del cuadro en el tiempo adecuado.

> • sentarse • desear • tener • acompañar • aprender • estar
> • bendecir • subir • faltar • salir • llegar • hacer (x2) • despedirse

COSTUMBRES EN MÉXICO

El año pasado yo .... en México y .... que los mexicanos .... muchas costumbres: .... todos en familia para comer, ... la mesa y .... los alimentos con tortilla o pan y salsa picante o chile. Y por supuesto, después de la cena nunca .... el cafecito. Además, en las comidas familiares, cuando el invitado .... del evento, lo .... con una porción del guiso.

Con respecto a los saludos, lo .... dándose dos besos cuando .... a casa o .... para ir a la escuela o al trabajo. Siempre .... un buen día a la gente cuando .... en el colectivo o autobús.

INVITAR. ACEPTAR O RECHAZAR UNA INVITACIÓN

7 Lee y completa con estas expresiones lo que dicen estas personas.

> • De acuerdo • ¿Vienes? • ¿Quieres…? • Bueno, vale • Por supuesto
> • ¿Te apetece ir? • No, lo siento, es que no puedo • ¿Vienes, no?

Mañana estrenan la última película de Almodóvar. ¿.....................?

............................., ¿a qué hora quedamos?

Oye, la semana que viene celebro mi aniversario en la empresa. ¿.....................?

¡Cómo me iba a perder este evento tan especial!

Tengo entradas para un concierto hoy. ¿.................?

....................., porque tengo que estar en casa antes de las 21:00 h.

¿............................. salir a hacer senderismo a la sierra?

....

ESTILO INDIRECTO CON VERBOS DE HABLA, PERCEPCIÓN Y PENSAMIENTO

8 Escribe un texto completo y en el tiempo verbal adecuado según la información que dan estos viajeros.

En mi último viaje a España
- Ver (yo)/haber/muchas personas mayores/en las plazas.
- Pensar (yo)/no tener casa.
- Decir (a mí)/gustar (a ellos)/ver y hablar/con la gente.

Texto: ....
....
....

En su viaje a la República Dominicana, Maribel
- Notar/las personas/ser/muy alegres.
- Creer/deberse/al clima.
- La gente/contar (a ella)/siempre/(haber)/excepciones.

Texto: ....
....
....

9 Transmite qué vio, notó, le explicaron, le dijeron o le contaron a esta viajera en los diferentes países que visitó.

8		Q	Compartir Informar sobre mal uso Siguiente blog»	Crear un blog Acceder

BLOG DE VIAJES

Una viajera por el mundo

Argentina: En Argentina, está bien visto llevar el postre si nos invitan a cenar. El hombre de la familia o las personas de más edad ocupan la cabecera de la mesa a la hora de comer.

Cuba: En cada ciudad de Cuba se puede encontrar un equipo de béisbol con su respectivo estadio. Los cubanos bailan la rumba, la salsa y el mambo.

España: No todos los españoles duermen la siesta.

Guatemala: La población guatemalteca mantiene de los mayas, antiguos pobladores locales, los principales aspectos de su forma de vida.

Chile: Los originarios pueblos aymara, quechua, rapa nui y mapuche siguen su propio calendario ancestral.

Esta viajera vio que en Argentina ....
........................., en Cuba le contaron que ....
....
....; en España
....; en Guatemala
....
.... y en Chile
....

PEDIR Y DAR OPINIÓN. EXPRESAR ACUERDO Y DESACUERDO

10 Lee estas noticias sobre costumbres de los españoles y da tu opinión.

> La vida familiar es muy importante y ocupa gran parte de su tiempo.

¿Y para ti?..
....

> El bar es un lugar para relacionarse y pasar un buen momento, allí es costumbre tomar una bebida refrescante y tener una animada conversación sobre temas variados como el fútbol, o simplemente contar anécdotas de la vida.

Según tú, ¿crees que el bar debe ser un lugar para relacionarse? ¿Estás de acuerdo? ....
....
....

> En un restaurante, es normal encontrar un menú con tres platos (entrada, plato principal y postre). Se puede escoger para cada uno entre varias opciones. No es habitual ver a un español llevarse a su casa la comida que le ha sobrado.

¿A ti qué te parece esto? ¿Estás de acuerdo?
....
....

> Este verano no faltarán celebraciones en ciudades y pequeños pueblos con verbenas y música para divertirse.

¿Qué opinas de las verbenas? ....

LOS PRONOMBRES Y ADVERBIOS INTERROGATIVOS CON PREPOSICIÓN

11 Escribe la pregunta para estas respuestas.

1. Las Navidades pasadas invité a mi prima a pasar unos días con nosotros.
....

2. Esta celebración es para todos, así que ¡enhorabuena!
....

3. El helado que trajeron los invitados era de turrón.
....

4. Vamos al cotillón después de la cena.
....

5. Íbamos con disfraces de los Reyes Magos.
....

6. Ha nacido esta semana, así que voy a conocerlo.
....

7. Siempre iba con mi familia a la misa del gallo.
....

8. Creo que al final voy a ir con los zapatos rojos.
....

LOS ORGANIZADORES DE LA INFORMACIÓN

12 Clasifica estas expresiones en el grupo adecuado.

> • en conclusión   • por otro lado   • primero   • al final   • tengo que contaros
> • para terminar   • por último   • además   • en segundo lugar   • por un lado
> • quiero contaros   • en primer lugar   • luego   • después   • finalmente   • en resumen

a. Anunciar un tema: ....
b. Introducir la primera información: ....
c. Añadir más información: ....
d. Finalizar: ....

Contar acontecimientos en pasado
- *Visité España en 2000.*

Describir en pasado
- *Tenía hambre.*

Invitar
- *¿Te apetece venir a casa a tomar un mate?*
- *Te invito a cenar.*
- *Ven a tomar algo con nosotros.*
- *¿Vienes mañana a comer?*
- *¿Te apuntas?*

Aceptar una invitación
Sin reservas
- *Perfecto/Estupendo/Fenomenal.*
- *(Muy) Buena idea.*
- *De acuerdo/Por supuesto.*
- *Pues sí, claro.*
- *Encantado/Con mucho gusto.*
Con reservas
- *Bueno, vale.*
- *Bueno, si insistes.*

Rechazar una invitación
- *(No), (muchísimas) gracias. Hoy no tengo tiempo.*
- *(No), lo siento, es que no puedo.*
- *Pues/Bueno, es que tengo trabajo.*
- *¡Qué pena! No puedo y lo siento (de verdad).*
- *Es que mañana tengo un examen.*
- *Prefiero quedarme en casa, es que no me encuentro bien.*

Resumir
- *El texto es sobre España.*
- *El texto informa de la vida de los españoles.*
- *El texto trata de política.*

Comunicar una información
- *Me dijo que los espacios públicos eran el escenario de la vida social española.*
- *Pensé que era por mi aspecto.*
- *Noté que la gente me miraba.*

Pedir opinión
- *¿Crees que los chiringuitos son buenos para las playas?*
- *¿Qué opinas/piensas de los chiringuitos?*
- *¿Y para ti?/Según tú, ¿deben desaparecer?*
- *¿Tú qué opinas?/¿A ti qué te parece?*

Dar opinión
- *Creo/Pienso que los chiringuitos deben desaparecer.*
- *Para mí, forman parte de la cultura española.*

Preguntar si está de acuerdo
- *¿Estás de acuerdo?*

Expresar acuerdo/desacuerdo
- *Sí, es verdad.*
- *Sí, estoy de acuerdo.*
- *Sí/No, para mí también/tampoco.*
- *Sí, yo también creo que (no)...*
- *(No), no es verdad.*

Pedir y dar información
- *¿Con quién cenabas?*
- *Con mi familia.*
- *¿De qué te disfrazabas?*
- *De Rey Mago.*
- *¿Adónde ibas la última noche del año?*
- *A un cotillón.*

Hablar de acciones habituales en el pasado
- *¿Qué hacías en Nochevieja?*
- *En aquella época iba a esquiar con mis amigos.*
- *Solía ir a fiestas para celebrar el nuevo año.*

Organizar la información
- *Anunciar el tema: quiero contaros, tengo que contaros.*
- *Introducir la primera información: en primer lugar, por un lado, primero.*
- *Añadir más información: además, por otro lado, en segundo lugar, en tercer lugar, luego, después.*
- *Finalizar: finalmente, en conclusión, en resumen, para terminar, al final, por último.*

La vida en la calle

- *hacer recados, ir arreglada, pero informal, tomar el fresco, pagar a escote, jugar una partida de cartas, charlar un rato, pagar una ronda, quedar con alguien.*

La playa

- *chiringuito, restaurante, bar, paseo marítimo, cafetería, heladería, terraza, playa, mar, olas, arena, costa, bandera verde, puesto de socorro, hamaca, toalla, sombrilla, crema protectora, biquini, pareo, botiquín.*
- *pasear por la orilla, jugar en la arena, darse un baño, tomar el sol, quemarse la espalda, ir al chiringuito, alquilar una hamaca.*

La Navidad

- *brindar, uvas, cotillón, disfraz, fuegos artificiales, medianoche, antifaz, serpentinas.*

Expresiones de tiempo

- *ayer, el otro día, el año pasado, en 2010/ Navidad, hace dos años.*
- *siempre, casi siempre, en aquella época, a veces, generalmente, nunca.*

Expresiones idiomáticas

- *haber un montón de gente, dar gato por liebre, hacer el agosto.*

Léxico

LAS RELACIONES DE PARENTESCO Y LAS RELACIONES PERSONALES

1 Lee las frases, selecciona la palabra correcta y completa con una de estas expresiones.

> • presentar en sociedad   • caer mal   • resistirse a colgar las botas
> • romper con   • recibir con los brazos abiertos   • llevarse mal
> • hacer de canguro   • cruzar el charco   • tener lazos de sangre

1. Tiene dos hijos iguales, son *mellizos/trillizos* y siempre se están peleando, ...
2. Mi *yerno/nuera*, el marido de mi hija, tiene un carácter muy fuerte, *discute/convive* con todos, por eso .... a la gente.
3. La esposa de mi hermano, mi *suegra/cuñada*, ... mi hermano hace tres meses, así que decidió .... e ir a América a trabajar. Dice que allí la ...., por eso se sintió como en casa.
4. La madre de mi esposo, mi *bisabuela/suegra* .... de sus nietos, por las mañanas los lleva al colegio y por las tardes al parque.
5. Lleva más de 40 años en la misma empresa y a pesar de su edad ...., quiere seguir trabajando.
6. La semana pasada la mujer de su hijo, su *nuera/suegra*, ... a su hija de 18 años para que su entorno social la conociera.
7. El hijo de mi hermana, *mi primo/sobrino*, ... conmigo, porque somos familia.

EL CARÁCTER, EL ESTADO FÍSICO Y DE ÁNIMO Y LAS CUALIDADES FÍSICAS

2 Utiliza los siguientes adjetivos con *ser* o *estar* para describir a estas personas. Hay varias opciones.

> • introvertido   • arrogante   • deprimido   • de buen humor
> • estresado   • mal carácter   • impaciente   • buen tipo   • cerrado

....
....

3 Relaciona las dos columnas. Luego, indica si van con *ser* (S) o *estar* (E).

1. delgado	a. feliz	(.............)	1
2. contento	b. con miedo	(.............)	2
3. conservador	c. no despierto	(.............)	3
4. dormido	d. tumbado	(.............)	4
5. sincero	e. no bajo	(.............)	5
6. sano	f. listo	(.............)	6
7. asustado	g. sin pelo	(.............)	7
8. acostado	h. no generoso	(.............)	8
9. calvo	i. furioso	(.............)	9
10. egoísta	j. no gordo	(.............)	10
11. preparado	k. no mentiroso	(.............)	11
12. enfadado	l. tradicional	(.............)	12
13. alto	m. no enfermo	(.............)	13

MODELOS DE FAMILIAS

4 Relaciona cada tipo de familia con su descripción.

1. Familia nuclear   a. abuelos, primos, tíos
2. Familia monoparental   b. padre con hijos y madre viuda con hijos
3. Familia ensamblada   c. padre, madre e hijos
4. Familia extensa   d. madre con hijos

5 a. Completa los siguientes textos con la palabra del cuadro en la forma correcta.

> • enfermo • estresado • desinteresado • apasionado
> • harto • preocupado • generoso • cansado

FAMILIAS DIFERENTES

Familias en casas especiales. Estas familias habitan en espacios singulares porque están .... de la rutina, por ejemplo, los .... por la naturaleza viven en una tienda mongol en medio del bosque, otros en un chalé de diseño o en un castillo en una isla.

Familias movidas por el amor. Este sentimiento puede con todos los obstáculos: algunos dejan sus países para dar un futuro mejor a sus hijos, otros adoptan niños con problemas médicos, ..., para darles una mejor calidad de vida. Son personas ...., ..., que están .... por los demás.

Familias en el casco histórico de la ciudad. Viven rodeadas de monumentos, iglesias, palacios… A veces los que viven en este entorno están .... de los que pasean por allí y muy .... porque no pueden dormir a causa del ruido, pero el entorno en el que viven les compensa.

b. Ahora escribe qué tipo de familia es la tuya, qué os une, qué intereses, actividades o gustos compartís y usa el vocabulario de esta sección.

....
....
....

LAS ACTIVIDADES DOMÉSTICAS

6 Completa la lista de cosas que debe hacer esta persona con una palabra del cuadro.

- **Acciones:** planchar, fregar, pasar, sacar, arreglar, barrer, quitar.
- **Sustantivos:** fregona, trapos, detergente, cama, suavizante, cepillos.

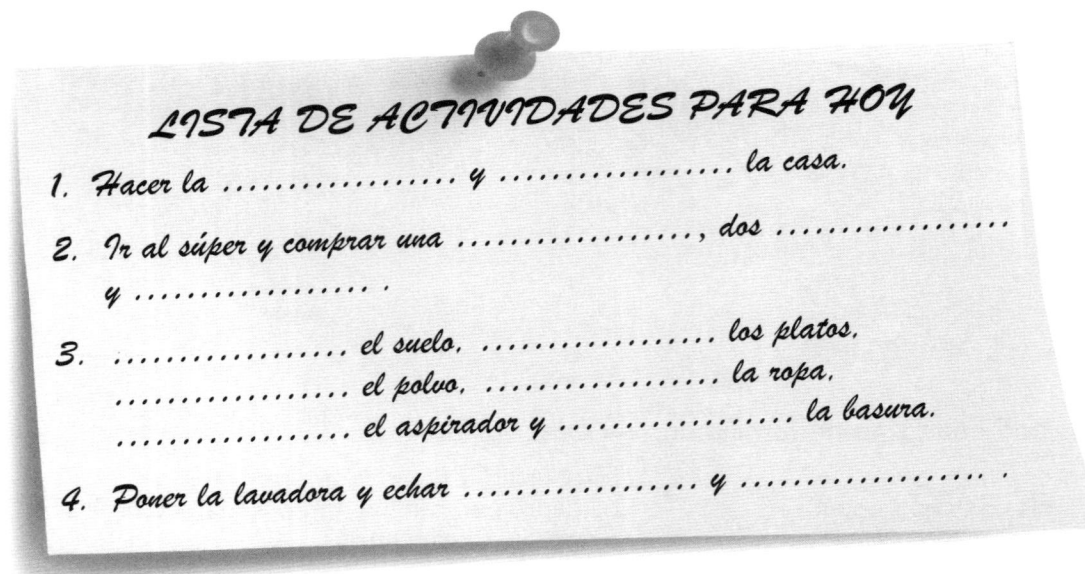

LISTA DE ACTIVIDADES PARA HOY

1. Hacer la .... y .... la casa.

2. Ir al súper y comprar una ...., dos ....
   y ....

3. .... el suelo, ... los platos,
   .... el polvo, ... la ropa,
   .... el aspirador y .... la basura.

4. Poner la lavadora y echar .... y ....

EXPRESIONES IDIOMÁTICAS

7 Completa el diálogo con la opción correcta.

¿Qué te pasa?

No estoy contento en mi nuevo trabajo, pienso en mis antiguos compañeros y los (1) .... Aquí, nadie (2) ...., lo tengo que hacer yo todo y (3) ...., necesito más tiempo para terminar el trabajo.

Son los primeros días, tienes que (4) .... Si en dos semanas la situación sigue igual, debes hablar con tu jefe.

1. a) echo de menos   b) arrimo el hombro   c) no doy abasto
2. a) se arma de paciencia   b) arrima el hombro   c) no da abasto
3. a) echo de menos   b) me armo de paciencia   c) no doy abasto
4. a) echar de menos   b) armarte de paciencia   c) arrimar el hombro

Gramática y Funciones

HABLAR DE ACCIONES PASADAS SIMULTÁNEAS Y CONSECUTIVAS. EXPRESAR DELIMITACIÓN

1 a. Completa este texto con los verbos en el tiempo correcto del pasado.

> - ser (x3) - querer - celebrarse - entrar - llamarse
> - conocer - jubilarse - ver (x3) - hablar - estar (x2)
> - decir (x2) - llegar (x2) - enamorarse - marcharse

El año pasado mi padre ...., junto con otra compañera. Recuerdo que la fiesta .... en un hotel y que cuando nosotros .... , ... en el salón donde .... la fiesta. Allí .... a las familias de los compañeros de mi padre. Desde que yo .... hasta que .... , ... hablando con el hijo de su mejor amigo, ... Manuel, ... alto y moreno. En el momento en que lo .... , ... de él. Este año nosotros .... muchas veces por teléfono y nos .... en numerosas ocasiones. La semana pasada mientras .... cenando, me .... que .... especial para él y que .... salir conmigo como pareja, por supuesto, yo le .... que sí. ¡Estoy loca por él! Y nunca voy a olvidar el día en el que nos ....

b. Continúa el recuerdo de la protagonista usando los verbos en pasado.

....
....

2 Completa las frases con el verbo en la forma correcta e indica si expresan consecuencia (C), simultaneidad (S) o delimitación (D).

1. Emilio vivió con sus padres hasta que (independizarse) ....
2. Ayer, mientras (hablar, yo) .... con mi madre, (ver, yo) .... la televisión.
3. Anoche al (entrar) .... en casa, (escuchar, yo) .... un ruido extraño.
4. Hace dos días, cuando (darle, ellos) .... la noticia, (dejar) .... el trabajo.
5. El sábado pasado, al (ver) .... a Luis, (besarlo, ella) ....
6. Recuerdo que cuando (llegar, yo) .... a su casa, me (hacer, ellos) .... una fiesta de bienvenida.
7. Mis abuelos me cuidaron hasta que (ir, yo) .... al colegio.
8. Cuando (tener, nosotros) .... 14 y 15 años, mientras nuestra madre (tender) .... la ropa, nuestro padre (fregar) .... los platos y nosotros (hacer) .... nuestras camas.

EXPRESAR QUE (NO) SE RECUERDA

3 Completa las frases según tu experiencia personal.

1. Cuando era pequeño, siempre me olvidaba de ....
2. En vacaciones recuerdo que mi familia y yo siempre ....
3. Esta mañana me he olvidado de ....
4. Nunca me acuerdo de ....
5. Mi familia y yo nos acordamos de:
   - qué ....
   - cómo ....
   - dónde ....
   - quién ....

LOS ADJETIVOS CON *SER* Y *ESTAR*

4 Indica si estas palabras se usan con *ser* (S), con *estar* (E) o con *tener* (T).

1. sincero	(......)	15. cicatrices	(......)
2. contento	(......)	16. deportista	(......)
3. cansado	(......)	17. grande	(......)
4. hablador	(......)	18. estilo	(......)
5. apasionado	(......)	19. intranquilo	(......)
6. bajo	(......)	20. preparado	(......)
7. piel suave	(......)	21. delgado	(......)
8. embarazada	(......)	22. mal carácter	(......)
9. superdotado	(......)	23. acostado	(......)
10. mal tipo	(......)	24. travieso	(......)
11. generoso	(......)	25. deprimido	(......)
12. enamorado	(......)	26. dormido	(......)
13. de buen humor	(......)	27. cariñoso	(......)
14. sentido del humor	(......)	28. sano	(......)

5 Completa la descripción de esta persona con *ser* o *estar* en la forma correcta.

| 🅱 | Q | Compartir | Informar sobre mal uso | Siguiente blog» | Crear un blog | Acceder |

BLOG DE VIAJES

ASÍ SOY

sincer@17: holaaaaaaaaaaaaa, os voy a hablar un poco de mí: he cambiado mucho porque antes siempre .... deprimida y no quería salir de casa, ahora casi siempre .... de buen humor, ... una persona generosa y cariñosa y ¡ .... enamorada de la vida! El próximo mes voy a ser tía porque mi hermana .... embarazada, ella .... un poco preocupada y nerviosa, además, ... bastante cansada así que por las tardes suele .... acostada. Tengo otro hermano, ... superdotado en matemáticas y va a empezar a estudiar en la universidad antes de la edad normal. .... un poco estresado y mis padres .... asustados, yo creo que todavía no .... preparado por su edad. ¿Y tú? ¿Cómo ....?

6 Observa las imágenes y describe detalladamente cómo crees que son y cómo están estas personas.

1. ....
....
....

2. ....
....
....

3. ....
....
....

EXPRESAR HABILIDAD PARA HACER ALGO

7 Observa las imágenes y completa las frases adecuadamente.

1.
2.
3.

1. Soy un genio para ...., pero soy incapaz de ....
2. Sé algo de ...., pero se me da mal .... y además soy incapaz de ....
3. Soy hábil para .... , además, soy bueno en .... , pero soy un desastre para ....

8 Expresa la habilidad que tienes o no para estas cosas o realizar estas acciones.

1. Cantar: ....
2. Hablar en público: ....
3. La natación: ....
4. Los idiomas: ....
5. Planchar: ....
6. Deportes: ....
7. Convencer a la gente: ....

LOS COMPARATIVOS

9 Lee cómo son estas personas y compáralas.

BUSCO AMIGOS

Hola, me llamo Elia, tengo 19 años, me encanta pintar y leer. Leo tres libros al mes, soy una persona seria, responsable, pero también muy divertida. Estudio inglés por las mañanas y por las tardes trabajo en una biblioteca 4 horas cada día. Los fines de semana voy con mis amigas al cine o a conciertos porque me gusta mucho la música, en cuanto a deportes, no practico ninguno porque no me gustan. Si quieres ser mi amig@, puedes escribirme a elias@hotmail.com

Me llamo Jaime, tengo 21 años, soy serio, y divertido y me gusta leer. Suelo leer dos libros al mes porque no tengo mucho tiempo. Por las mañanas voy a la universidad donde estudio inglés y por las tardes trabajo en la empresa de mi padre 4 horas cada día, excepto sábados y domingos. Los fines de semana voy al cine con mis amigos y a la discoteca, me gusta mucho bailar. Soy muy deportista, me encanta el deporte, sobre todo el fútbol. Busco amigos y amigas con mis gustos o diferentes, no importa. Escribe a jaimediver@yahoo.com

1. (edad) ....
2. (carácter) ....
3. (hábitos de lectura) ....
4. (estudios) ....
5. (trabajo) ....
6. (ocio) ....
7. (deporte) ....

10 Observa estas imágenes y compáralas.

1.

2.

....
....

....

....

EL SUPERLATIVO

11 **Escribe frases completas con estas palabras como en el ejemplo.**

1. *Hermana/pelirrojo/familia.*   *Mi hermana es la más pelirroja de la familia.*
2. Cuñado/delgado/familia.   ....
3. Suegra/generoso/familia.   ....
4. Fregar los platos/trabajo/aburrido/casa.   ....
5. Lavavajillas/electrodoméstico/útil/casa.   ....
6. Deporte/actividad/sano/mundo.   ....
7. Hacer la compra/actividad/divertido/casa.   ....
8. Yerno/persona/preparado/oficina.   ....

LOS INDEFINIDOS: *CADA, VARIOS, (CASI) NADIE/NINGUNO/A*

12 **Lee las frases y selecciona el indefinido adecuado.**

1. Casi *nadie/ninguna* de mi familia es rubio.
2. Tengo *varios/varias* primos pelirrojos.
3. Tres de *cada/varios* diez jóvenes viajan. Sin embargo, tú no viajas casi *nada/nadie*.
4. En mi barrio no hay casi *nadie/ninguna* familia con más de tres hijos.
5. Tengo tres tías y *ninguna/cada* una tiene dos hijos.
6. Ceno con mi familia *varias/cada* cuatro noches y la llamo *varias/cada* veces al día.
7. Por favor, entrega un libro a *cada/casi ningún* estudiante.
8. En mi familia, casi *nadie/ninguna* cuñada es alta.

13 **Elige uno de los siguientes indefinidos y completa según tu experiencia.**

• (casi) nadie • (casi) ningún • (casi) ninguno • (casi) ninguna • varios • varias • cada

1. En mi familia ....
2. En mi clase de español hay ....
3. En mi centro de estudios/trabajo ....
4. Yo tengo ....
5. Mis padres no tienen ....
6. Mis amigos y yo hemos comprado ....
7. El profesor no tiene ....
8. Voy al cine ....

AHORA YA SABES

Hablar de acciones pasadas

Simultáneas
- *Cuando vivía con mis padres, hablaba mucho con ellos.*
- *Mientras estudiaba, practicaba inglés.*
- *Mientras dormían, puse la televisión.*

Consecutivas
- *Al llegar, vi a mi familia.*
- *Cuando terminé el curso, no sabía qué hacer.*
- *Me fui cuando terminó el curso.*
- *Nada más llegar, cenó.*

Expresar delimitación
- *Durmió en casa de sus padres hasta que se independizó.*

Preguntar si se acuerda o se ha olvidado
- *¿Recuerdas a mi primo?*
- *¿No te acuerdas de nuestro último viaje juntos?*
- *¿Te acuerdas de cuándo estuvimos en tu pueblo?*
- *¿No recuerdas dónde fue la reunión familiar?*
- *¿Recuerdas quién llegó primero?*
- *¿Te acuerdas qué te dijo?*
- *¿Recuerdas si estuviste aquí?*
- *¿Te has olvidado de mí?*

Expresar que se recuerda
- *Recuerdo ese día.*
- *Sí, me acuerdo de tu hermano.*
- *Recuerdo que siempre íbamos a casa de mis tíos en verano.*
- *No me he olvidado de ti.*

Expresar que no se recuerda
- *No recuerdo ese día.*
- *No me acuerdo de eso.*
- *Siempre me olvido de su nombre.*
- *Me olvidé de llamarla.*

Expresar habilidad para hacer algo
- *Sé algo de cocina.*

- *Sé un poco de supervivencia.*
- *Soy bueno/malo en los deportes.*
- *Soy un genio/desastre para los deportes.*
- *Me gusta cocinar y lo hago bien.*
- *Se me da mal convencer a la gente.*
- *Soy hábil para caer bien a los demás.*
- *Soy (in)capaz de tomar una decisión.*

Preguntar por la habilidad para hacer algo
- *¿Eres bueno en/para la cocina?*
- *¿Eres capaz de vivir en el campo?*
- *¿Qué tal se te da el deporte?*
- *¿Se te dan bien/mal los animales?*
- *¿Eres hábil para los negocios?*
- *Cocinar, ¿lo haces bien?*

Describir cualidades físicas
- *Tiene la cara de su padre.*
- *Tiene una cicatriz.*
- *Es de estatura normal.*
- *Se parece a su padre.*
- *Tiene buen/mal tipo/estilo.*
- *Tiene la piel clara/suave.*
- *Es alto y rubio.*

Carácter
- *Tiene sentido del humor.*
- *Tiene mucho carácter.*
- *Tiene un carácter débil.*
- *Es de carácter fuerte.*

Destacar una cualidad
- *Mi hermano es buenísimo.*
- *Ella es muy trabajadora.*
- *Es el más cariñoso de todos.*

Comparar

Superioridad
- *Está más estresado que yo.*
- *Trabaja más que Marta.*
- *Tiene más trabajo que él.*

Inferioridad
- *Es menos deportista que yo.*
- *Trabaja menos que ella.*
- *Tiene menos trabajo que su padre.*

Igualdad
- *El padre es igual de deportista que el nieto.*
- *El hijo es tan consciente como el padre.*
- *El hijo trabaja igual que el padre.*

Cantidad
- *Practican más de un deporte.*

Indicar cantidad no exacta
- *Los niños adoptados proceden de varios países.*
- *Casi nadie abandona a sus hijos.*

Indicar que se sigue con interés la conversación
- *Sí, sí, claro.*
- *¿Ah, sí? ¿En serio?*
- *¿De verdad?*
- *¡Qué bien/horror!*

- *¡Anda!*
- *Sí, ya.*
- *¡No me digas!*
- *¡Es increíble!*
- *¿Y... entonces?*
- *Entiendo.*

Iniciar un tema
- *A ver.*
- *Vamos a ver.*
- *Mire/a.*
- *Bueno.*
- *Bien. Pues...*
- *Resulta que...*

Dar turno de palabra
- *Por favor, usted...*
- *Usted primero, por favor.*

AHORA YA CONOCES

Relaciones de parentesco
- *mellizos, trillizos, yerno, nuera, suegro, hermanastro, sobrino, bisabuelo, cuñado.*
- *recibir con los brazos abiertos, presentar en sociedad, cruzar el charco.*

Relaciones personales
- *llevarse bien/mal con alguien, caer bien/mal a alguien, romper con alguien, tener lazos de sangre, discutir con alguien, convivir con alguien.*

Retratos de familias
- *familias: con aficiones comunes, S.A. (sociedad anónima), solidarias, deportistas, con talento.*

Carácter
- *ser cariñoso, sincero, egoísta, introvertido, extrovertido, impaciente, travieso, intranquilo, conservador, hablador, arrogante, lógico, mentiroso, generoso, apasionado, superdotado, desinteresado, deportista, cerrado, de carácter fuerte.*
- *tener sentido del humor, mucho/poco/mal carácter, un carácter débil/fácil/difícil.*

Estados físicos y de ánimo
- *estar enamorado, enfadado, contento,*

asustado, deprimido, harto, de buen humor, cansado, estresado, preocupado, preparado, enfermo, sano, embarazada, acostado, dormido, encantado, loco, necesitado.

Cualidades físicas
- *ser pelirrojo, alto, rubio, grande, de estatura normal, calvo, bajo, delgado.*
- *tener la cara de su padre, una cicatriz, buen/mal tipo/estilo/presencia, la piel clara/suave.*
- *parecerse a su padre.*

Actividades domésticas
- *lavavajillas, fregona, suavizante, cepillo, trapo, detergente.*
- *fregar/barrer el suelo, fregar los platos, quitar el polvo, tender/planchar la ropa, pasar el aspirador, sacar la basura, hacer la cama/la compra, arreglar la casa.*

Modelos de familias
- *nuclear, extensa, monoparental, ensamblada.*

Expresiones idiomáticas
- *echar de menos, no dar abasto, arrimar el hombro, armarse de paciencia.*
- *resistirse a colgar las botas, donde hay confianza da asco, hacer de canguro.*

Léxico

HÁBITAT RURAL Y URBANO

1 Relaciona las columnas para formar las expresiones adecuadas.

1. Viviendas	a. metropolitana	1	
2. Semáforos	b. asequibles	2	
3. Área	c. rural/peatonal/azul	3	
4. Barreras	d. municipales	4	
5. Oferta	e. relajada	5	
6. Vida	f. bus	6	
7. Edificios	g. subterráneo	7	
8. Zona	h. con la naturaleza	8	
9. Oportunidades	i. sonoros	9	
10. Contacto	j. arquitectónicas	10	
11. Aparcamiento	k. cultural	11	
12. Carril	l. de trabajo	12	

2 Indica si los siguientes pares de palabras son sinónimos (S) o antónimos (A).

1. Autopista/carretera (............)
2. Circular/detenerse (............)
3. Inseguridad/peligro (............)
4. Accesibilidad/dificultad (............)
5. Atasco/congestión (............)

6. Fomentar/obstaculizar (............)
7. Automóvil/vehículo (............)
8. Acosar/perseguir (............)
9. Reducir/aumentar (............)
10. Tráfico/circulación (............)

SERVICIOS EN LA CIUDAD Y EN EL CAMPO

3 a. Define los siguientes servicios urbanos con tus propias palabras.

- zona de juegos ....
- parada de taxi ....
- contenedor de basura ....
- papelera ....
- baño público ....
- carril bici ....
- oficina de Correos ....
- buzones de correo ....
- cajas de ahorro ....
- farmacia de guardia ....
- banco ....
- farola ....

b. Marca qué servicios hay en tu calle/barrio. ¿Cuáles crees que faltan? Escríbelo.

....
....
....

LA VIVIENDA Y SUS CARACTERÍSTICAS

4 Escribe, al lado de cada definición, el tipo de vivienda al que se refiere.

• chalé • estudio • adosado • apartamento • dúplex • bloque de pisos • ático

1. Vivienda pequeña con cocina y salón en la misma habitación. ....
2. Vivienda pequeña que forma parte de un edificio en el que hay otras similares. ....
3. Vivienda unifamiliar de una o varias plantas, con jardín. ....
4. Vivienda individual y contigua a otras por algún lateral o por la parte trasera. ....
5. Último piso de un edificio. ....
6. En un edificio de varias plantas, vivienda de dos pisos comunicados por una escalera interior. ....
7. Manzana o edificio de casas de similares características. ....

5 Observa estas viviendas y descríbelas con las siguientes características.

• luminoso • da a la calle/al patio/al jardín • soleado • clásico • lujoso • céntrico • a las afueras

1. ....
....

2. ....
....

3. ....
....

6 Completa los siguientes diálogos con estas palabras.

Diálogo 1:

• alquilar • portero • mudarse • inquilino • hacer la mudanza

A. Hola, buenos días. Soy el .... de la comunidad.
B. Hola, buenos días. Acabo de .... a esta ciudad. .... el 1.º D y ahora mismo estoy .... con ayuda de mi familia.
A. ¡Ah! Es usted el nuevo ....
B. Sí, voy a vivir aquí durante un año.

Diálogo 2:

• propietario • pagar la hipoteca • vivir de alquiler • comprar • caseros • pagar el alquiler • trasladarse

A. ¿Ustedes, cómo o dónde viven? ¿Qué es lo que más o menos les gusta?
B. Yo tengo que .... porque el trabajo que tengo me obliga a .... cada dos años a una nueva ciudad. Lo que más me gusta son los .... Son todos muy serios. Y lo que menos ....
C. Yo soy .... de un ático. Lo .... el año pasado. Me encanta porque es céntrico y da a la calle Mayor. Lo que menos me gusta es .... todos los meses.

EXPRESIONES IDIOMÁTICAS

7 Sustituye la parte subrayada por una de estas expresiones.

> • andar con ojo • sentirse como en casa • dormir a pierna suelta
> • estar patas arriba • quedarse con la boca abierta

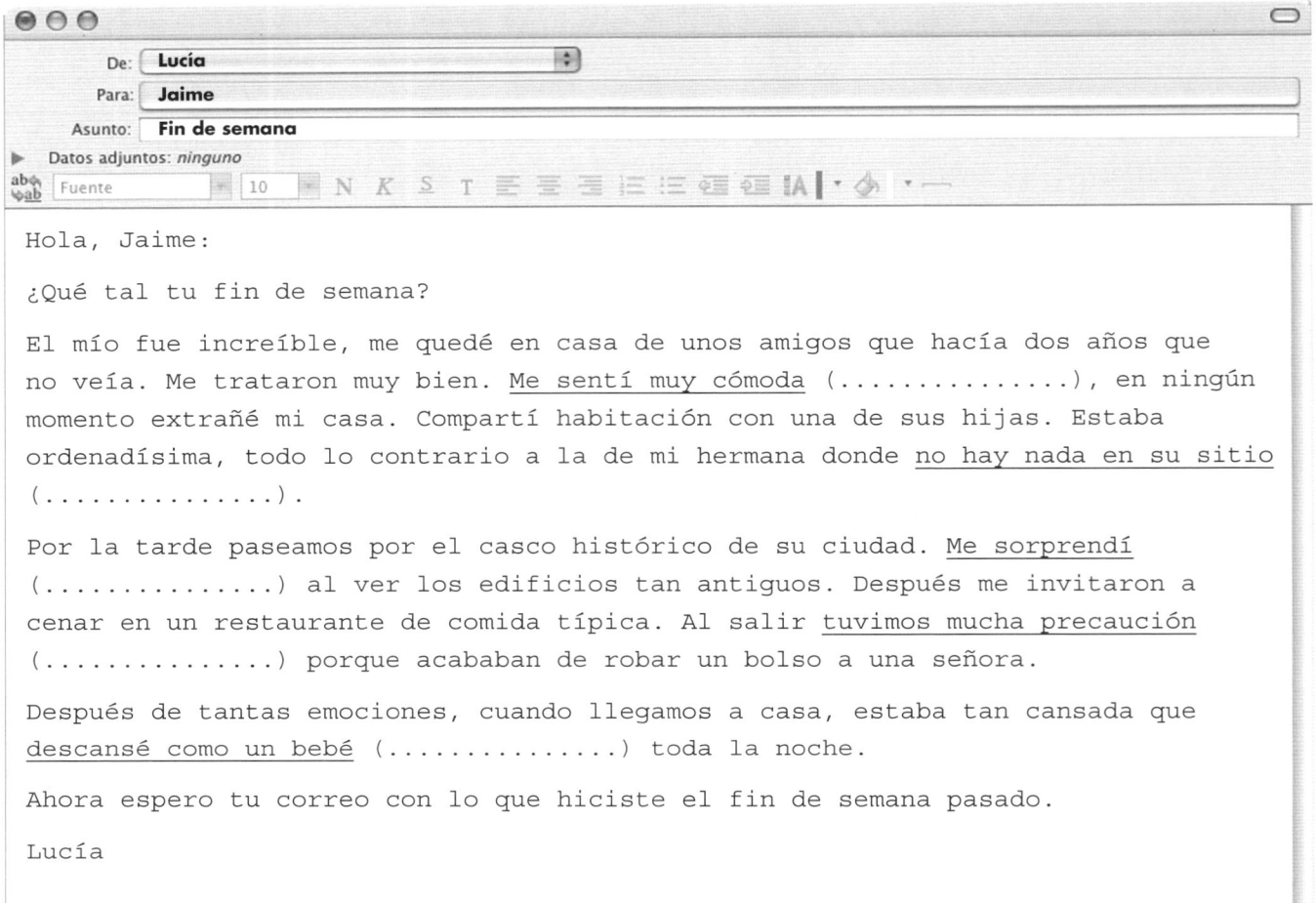

De: **Lucía**

Para: **Jaime**

Asunto: **Fin de semana**

▶ Datos adjuntos: *ninguno*

Fuente   10   N K S T ≡ ≡ ≡ ≔ ≔ ⊞ ⊞ IA ▾ ◇ ▾ —

Hola, Jaime:

¿Qué tal tu fin de semana?

El mío fue increíble, me quedé en casa de unos amigos que hacía dos años que no veía. Me trataron muy bien. <u>Me sentí muy cómoda</u> (..............), en ningún momento extrañé mi casa. Compartí habitación con una de sus hijas. Estaba ordenadísima, todo lo contrario a la de mi hermana donde <u>no hay nada en su sitio</u> (..............).

Por la tarde paseamos por el casco histórico de su ciudad. <u>Me sorprendí</u> (..............) al ver los edificios tan antiguos. Después me invitaron a cenar en un restaurante de comida típica. Al salir <u>tuvimos mucha precaución</u> (..............) porque acababan de robar un bolso a una señora.

Después de tantas emociones, cuando llegamos a casa, estaba tan cansada que <u>descansé como un bebé</u> (..............) toda la noche.

Ahora espero tu correo con lo que hiciste el fin de semana pasado.

Lucía

---

8 Elige tres de las expresiones anteriores y describe tres situaciones donde puedes utilizarlas.

1. ....
....
....

2. ....
....
....

3. ....
....
....

Gramática y Funciones

EL ARTÍCULO. CONTRASTE ARTÍCULO DETERMINADO/INDETERMINADO

1 Lee las frases y marca la opción correcta.

1. Esta sí que es toda *la/una* ciudad comprometida con el medio ambiente.
2. Hay *un/el* aparcamiento subterráneo cerca de mi casa.
3. Me gusta *una/la* tranquilidad que hay en el campo.
4. *Un/El* otro día pasamos por un pueblo abandonado.
5. ¿Has visto *unos/los* tres pasos de cebra en mi calle?
6. Es *la/una* de las áreas más pobladas del planeta.
7. En mi ciudad hay muchos barrios. *Los/Unos* más famosos están en el casco antiguo.
8. En esta ciudad hay *una/la* oferta cultural diferente para cada momento del día.

2 a. Completa el texto con el artículo adecuado.

MADRID

Descripción. .... ciudad de Madrid es conocida como ....
capital del encanto y de .... alegría. Está situada en ....
centro de .... península ibérica. Todas .... personas que
habitan aquí no son solamente madrileños sino que proceden de
distintos lugares de España y de otros países.

Es .... de las ciudades más acogedoras y amigables del mundo. A todos les gusta .... bullicio y .... alegría de esta ciudad que se encuentra atrapada en .... centro de ambos mundos, ya sea .... viejo o .... nuevo, ofrece todo ....
espectáculo de recursos de interés. En Madrid conviven .... viejos edificios de interés histórico con otros más modernos en .... diferentes barrios que se pueden visitar. Son .... conocidos como: Madrid Medieval, Madrid de los Austrias, Madrid de los Borbones, Madrid Isabelino.

Museos. De entre todos .... museos existentes, ... más conocido e importante es el Museo del Prado, pero no hay que olvidar .... Museo Nacional Centro de Arte Reina Sofía y .... Museo Thyssen Bornemisza.

Parques. También existen en .... ciudad bellos parques por .... cuales paseamos tranquilamente. .... de .... más importantes es el Parque del Retiro. Otros son .... Jardines de Sabatini o .... Jardines del Campo del Moro.

Transporte. Madrid se encuentra conectada a través de .... compleja red de metro y autobuses que permiten viajar, en transporte público, por toda .... ciudad y por .... serie de ciudades importantes, llenas de monumentos de gran interés histórico que están cerca de ella. Algunas son consideradas como Patrimonio de la Humanidad como Alcalá de Henares, Aranjuez, Ávila, El Escorial, Segovia o Toledo.

Adaptado de www.nova.es

b. Indica si las siguientes afirmaciones sobre Madrid son verdaderas o falsas.

1. Se encuentra en el centro de la península ibérica.   V   F
2. Es una ciudad donde te sientes como en casa.   V   F
3. Solamente hay edificios de la época contemporánea.   V   F
4. Sus parques son famosos en toda España.   V   F
5. Su red de transportes recorre otras ciudades Patrimonio de la Humanidad. V   F

EXPRESAR CAUSA: *POR, COMO, DEBIDO A (QUE), POR CULPA DE (QUE), GRACIAS A (QUE)*

3 Completa con *por* o *como*.

1. .... hay muchas papeleras, las calles están limpias.
2. .... tirar la basura fuera del contenedor, le pusieron una multa.
3. .... simpático, le dieron un premio.
4. .... mi insistencia, pusieron la parada de autobús.
5. .... hay zonas verdes, puedo pasear a mi perro.
6. .... estaba enfermo, fue al centro de salud.
7. .... no llegar a tiempo, no me dejaron pasar.
8. .... no vi el buzón, no pude echar la carta.

4 Completa con el conector causal más adecuado y relaciona.

1. .... estar resfriado,
2. .... no llegó a tiempo,
3. Su problema se solucionó,
4. .... hay mucha gente,
5. .... había farolas,
6. No me gustan las ciudades
7. .... la falta de psicólogos,
8. No llegué a tiempo

a. .... el tráfico.
b. podía correr por la noche.
c. .... la ayuda del trabajador social.
d. se necesitan más baños públicos.
e. .... el ruido y la contaminación.
f. no se pueden dar citas.
g. no le dejaron pasar.
h. compré aspirinas en la farmacia.

EL CONTRASTE PRETÉRITO PERFECTO SIMPLE/PRETÉRITO PERFECTO COMPUESTO

5 Escribe el pretérito perfecto compuesto de estos verbos.

1. abrir, él ....
2. decir, nosotros ....
3. escribir, yo ....
4. hacer, usted ....
5. poner, vosotros ....
6. romper, tú ....
7. volver, ellos ....
8. vender, vosotros ....
9. ir, ustedes ....
10. exponer, él ....
11. ver, ella ....
12. mudarse, yo ....
13. cubrir, él ....
14. peinarse, nosotros ....

6 **a. Completa los minidiálogos con el verbo en el tiempo adecuado.**

¿Qué (hacer, tú) .... esta semana?

El lunes (ir) .... a ver un piso y por fin ayer lo (alquilar) ....

1.

¿Ya (terminar, ustedes) .... la mudanza?

No. Todavía no nos (traer, ellos) .... todos los muebles.

2.

3.

¿Ya (pagar, tú) .... el recibo de la luz?

Sí, hace una semana (estar, yo) .... con el casero y le (pagar, yo) .... la luz y el agua.

4.

¿Dónde están Raúl y David?

Los (ver, nosotros) .... hace un momento. Estaban en la piscina.

No me acuerdo de su dirección. Hace tiempo que lo (visitar, yo) ....

Pero ¿todavía no le (escribir, tú) .... para preguntárselo?

No. La semana pasada (estropearse, a mí) .... el ordenador y todavía no (venir, el técnico) ....

5.

¿Dónde (vivir, vosotros) .... el curso pasado?

(Estar, nosotros) .... en casa de una familia española. Fue increíble.

6.

b. Clasifica las frases anteriores en el grupo correcto.

Expresa una acción pasada en un tiempo no terminado.
- ....
- ....

Expresa una acción pasada en un tiempo terminado.
- ....
- ....

Indica si ha ocurrido o no una acción.
- ....
- ....

Cuenta acontecimientos pasados recientes.
- ....
- ....

Cuenta acontecimientos pasados no recientes.
- ....
- ....

7 Escribe frases completas con esta información.

1. (Nosotros/ver/hace un momento) ....
2. (Yo/poner/ya) ....
3. (Usted/alquilar/la semana pasada) ....
4. (Tú/mudarse/hace una semana) ....
5. (Vosotros/volver/todavía) ....
6. (Él/exponer/hace un rato) ....
7. (Ellos/vender/en verano) ....
8. (Ustedes/hacer/este año) ....

PREGUNTAR POR EL CONOCIMIENTO DE ALGO. EXPRESAR CONOCIMIENTO Y DESCONOCIMIENTO

8 Clasifica estas expresiones en el lugar adecuado.

1. ¿Has oído hablar de.../algo sobre...?
2. No tengo ni idea.
3. Sé algo de...
4. No sabía que...
5. ¿Sabes cómo...?
6. ¿Sabes algo del tema?
7. Ya lo sabía.
8. Sé cómo...
9. He visto/leído/oído que...
10. No sé nada de...
11. No lo sabía.
12. ¿Sabes que/si/dónde...?
13. No he oído/leído/visto nada de/sobre este tema.

Preguntar por el conocimiento: ....

Expresar conocimiento: ....

Expresar desconocimiento: ....

9 Reacciona expresando conocimiento o desconocimiento sobre estas notas de prensa.

> Menorca es una de las islas que componen el archipiélago de las Baleares. El castellano y el catalán son los idiomas oficiales.

1. ....

> La Ciudad de México es la antigua capital del impresionante imperio azteca.

2. ....

> La Sagrada Familia es, por supuesto, visita ineludible de paso por Barcelona, así como la Pedrera y el Palau Güell, todas obras maestras del genial Gaudí.

3. ....

> Río de Janeiro es reconocida por sus playas de Copacabana e Ipanema, por la famosa estatua del enorme Cristo Redentor en la cima del Cerro del Corcovado (una de las nuevas maravillas del mundo), por sus carnavales y además por la montaña monolítica llamada Pao de Açúcar.

4. ....

EXPRESAR CONSECUENCIA: *ASÍ (ES) QUE, POR ESO, ENTONCES, POR LO TANTO, POR CONSIGUIENTE*

10 Lee estas afirmaciones y di si expresan consecuencia personal (P) o deducción lógica (L).

1. Se ha estropeado el ascensor, por lo tanto hay que subir por las escaleras. (..............)
2. No vino el propietario, así que no pude hablar con él. (..............)
3. No hay nadie en la fila, entonces nos podemos ir ya. (..............)
4. En la carretera hay muchos accidentes, por consiguiente hay que llevar el cinturón de seguridad. (..............)
5. Este año hay sequía, por eso no se puede malgastar el agua para regar. (..............)
6. No me gusta aparcar, por eso utilizo el transporte público. (..............)
7. Está lloviendo, así que voy a comprar un paraguas. (..............)
8. En mi ciudad no hay carril bus, por lo tanto el autobús tarda más. (..............)

11 Termina las frases utilizando estos conectores consecutivos.

| • por lo tanto | • por eso | • entonces | • así (es) que | • por consiguiente |

1. Llegaron tarde ....
2. No me gustó el estudio ....
3. Utilizo todos los días la autopista ....
4. Esta mañana no he ido a trabajar ....
5. Las aceras de las calles son muy estrechas ....
6. Todas las mañanas hay atasco ....

12 Marca la opción correcta.

1. Este estudio es muy luminoso *por lo tanto/porque* da al sur.
2. Todos le quieren *por/entonces* su hospitalidad.
3. Me dijo que venía a verme, *debido a que/así que* me quedé en casa.
4. Se inundó la casa, *por eso/por culpa de que* no pudimos entrar.
5. Estoy a 100 kilómetros, *gracias a que/por consiguiente* no me esperéis despiertos.
6. Es muy guapa, destaca *por/porque* su belleza.
7. Suspendió el examen, *por eso/gracias a que* tiene que estudiar.

13 Transforma las frases de causa a consecuencia y viceversa.

1. No comimos porque no hicimos la reserva en el restaurante. (Por lo tanto)
   ....
2. El polideportivo estaba cerrado, por lo tanto no pudimos jugar al baloncesto. (Como)
   ....
3. Hay muchos bloques de pisos, por eso hay pocas zonas verdes. (Debido a que)
   ....
4. Pude comprar una casa de 200 m² gracias a que me tocó la lotería. (Por eso)
   ....
5. No llegué a tiempo por culpa de que no sonó el despertador. (Así (es) que)
   ....
6. Ayer hubo huelga, por eso no llegué a trabajar. (Por culpa de)
   ....

Expresar causa
- Me gusta mi ciudad por sus zonas verdes.
- Como hay más niños, necesitamos más colegios.
- Pedimos un centro de salud, debido a que no hay ninguno.
- Por culpa de la delincuencia, hay más vigilantes en el barrio.
- Gracias al carril bici, podemos montar seguros.

Expresar acción pasada en un tiempo no terminado
- Este mes he ido a la feria de la vivienda.

Indicar si ha ocurrido o no una acción
- Ya ha comprado un piso.
- Todavía no lo ha comprado.

Indicar una acción pasada en un tiempo terminado
- La semana pasada asistí a un evento inmobiliario.

Contar acontecimientos pasados recientes/no recientes
- Hace un momento me han enseñado un chalé.
- Hace una semana estuve en una feria.

Preguntar por el conocimiento de algo
- ¿Sabes algo del tema?
- ¿Sabes cómo se puede viajar gratis?
- ¿Sabes que/si/dónde hay alojamientos baratos?
- ¿Has oído hablar de alojamientos gratuitos?
- ¿Habéis oído algo sobre intercambios de casas por el mundo?

Expresar conocimiento
- (Ya) lo sé/sabía.
- Sé algo de viajes.
- Sé (perfectamente) cómo viajar gratis.
- He oído/leído/visto que hay páginas web.

Expresar desconocimiento
- No (lo) sé/sabía.
- No sé nada de alojamientos gratuitos.
- No sabía que se podía viajar así.
- No he oído/leído/visto (absolutamente) nada de/sobre este tema.
- No tengo ni idea.

Expresar consecuencia
- Me gusta el barrio, así (es) que/por eso voy a vivir aquí.
- La ciudad tiene mucha oferta cultural, por lo tanto/por consiguiente, los jóvenes prefieren vivir allí.

Hábitat rural y urbano

- *área metropolitana, viviendas asequibles, zona rural, barreras arquitectónicas, oferta cultural, oportunidades de trabajo, vida relajada, semáforos sonoros, contacto con la naturaleza, edificios municipales.*
- *zona peatonal, zona azul, aparcamiento subterráneo, autopista, carril bus, accesibilidad, tráfico, inseguridad, automóvil, atasco.*
- *fomentar, reducir, circular, acosar.*

Servicios en la ciudad y en el campo

- **Servicio de transporte:** *paradas de autobuses y de taxis, boca de metro.*
- **Mobiliario urbano:** *buzones de correos, contenedores de basura, papeleras, farolas, bancos.*
- **Protección y seguridad:** *vigilante, policía municipal.*
- **Servicios públicos:** *oficinas de Correos, bancos, cajas de ahorro, baños públicos, carril bici, zonas verdes, zonas de juegos.*
- **Educación:** *colegio, guardería, instituto bilingüe.*
- **Servicios sociales:** *trabajador social, psicólogo.*
- **Servicios de salud:** *hospital, centro de salud, farmacia de guardia.*

La vivienda y sus características

- **Tipos de vivienda:** *segunda mano, estudio, apartamento, chalé, adosado, casa con patio/jardín, ático, dúplex, bloque de pisos.*
- **Características:** *luminoso, espacioso, acogedor, da a la calle/al patio/al jardín, soleado, clásico, lujoso, céntrico, a las afueras.*
- **Acciones:** *hacer una mudanza, trasladarse, vivir de alquiler, comprar, mudarse (a), alquilar, pagar el alquiler/la hipoteca, pagar el recibo de la luz/la comunidad/el gas/el agua.*
- **Personas:** *propietario, dueño, portero, inquilino, casero.*

Expresiones de tiempo

- *hoy, esta semana, este mes/año, últimamente, actualmente, hasta ahora, ya, todavía no, aún no, hace un…*
- *ayer, la semana pasada, el año pasado, el otro día, en primavera, hace tres años, hace un rato/cinco minutos/una hora, hace una semana/un año/mucho tiempo.*

Expresiones idiomáticas

- *andar con ojo, estar patas arriba, quedarse con la boca abierta, dormir a pierna suelta, sentirse como en casa.*

Léxico

LA ALIMENTACIÓN

1 a. **Completa cada uno de estos extractos de prensa con el término adecuado.**

- desperdiciar
- comestible
- donar
- caducar
- restos
- excedente
- agricultura
- pudrirse
- infraestructuras

1.
Cada año se .... en Europa millones de toneladas de productos ....

2.
Antes de .... y de ...., los ...., es decir, lo que sobra, los gobiernos los van a .... a la población más necesitada.

3.
El gobierno va a prestar atención al cultivo de la tierra, para que la .... disponga de buenas .... a fin de redistribuir los alimentos.

4.
El consumidor debe concienciarse para comprar lo que necesita y así evitar tirar .... de comida.

b. **Elige tres términos del cuadro anterior y crea tu propio titular.**

- ....

LOS SENTIDOS

2 **Relaciona cada adjetivo con su significado y escribe un alimento con esa característica.**

1. insípido	a. tiene pliegues como arrugas.	1.	*Arroz blanco*
2. soso	b. se dobla fácilmente.	2.	....
3. amargo	c. tiene burbujas.	3.	....
4. sabroso	d. no tiene sabor.	4.	....
5. crujiente	e. sabor desagradable.	5.	....
6. flexible	f. delicioso; ligeramente salado.	6.	....
7. espumoso	g. produce ruido al masticarlo.	7.	....
8. cremoso	h. no tiene sal.	8.	....
9. blando	i. tiene crema.	9.	....
10. rugoso	j. tierno, suave, cede fácilmente al tacto.	10.	....

3 Utiliza estos adjetivos para describir los productos que ves según el sentido que los percibe.

> • gelatinoso • frío • fuerte • ácido • aromático • duro • caliente • sólido • líquido
> • vistoso • dulce • salado • suave • agradable • desagradable • colorido

1. ....

3. ....

5. ....

4. ....

2. ....

6. ....

4 Ahora describe el plato de la foto teniendo en cuenta los 5 sentidos.

tacos mexicanos

....
....
....
....

ACCIONES RELACIONADAS CON LA COMIDA

5 a. Lee la definición y selecciona la acción a la que se refiere.

Definición

1. Llenar el cuerpo de bebida y de comida.
2. Introducir por la boca un alimento.
3. Abrir, despertar el apetito.
4. Distribuir la comida entre varias personas.
5. Llenarse de energía.

a. alimentarse/repartir/estimular
b. saciar/reponer/ingerir
c. ingerir/activar/comer
d. repartir/satisfacer/estimular
e. reponer/comer/ingerir

b. Selecciona ahora un sinónimo y un antónimo del cuadro para las acciones anteriores.

> • acumular • compartir • relajar • abstenerse • estimular
> • ayunar • comer • recargar • tomar • carecer

sinónimo	antónimo
1.	1. ....
2.	2. ....
3.	3. ....
4.	4. ....
5.	5. ....

6 Observa las imágenes y escribe qué acciones de las anteriores reflejan.

1. .... 2. .... 3. ....

EXPRESIONES IDIOMÁTICAS

7 a. Escribe, debajo de cada imagen, la expresión idiomática que representan.

| • ponerse morado | • comer con los ojos | • estar para chuparse los dedos |

1. .... 2. .... 3. ....

b. Escribe una frase explicando el significado de cada expresión.

1. ....
2. ....
3. ....

8 Lee los comentarios de estas personas y selecciona la opción correcta.

¡Tienes que probar este postre! Está para *ponerse morado/chuparse los dedos.*

No puedo, *he comido con los ojos/me he puesto morado* de calamares, así que no me entra nada más.

¿Sí? Yo siempre dejo espacio para algo dulce, porque con el dulce *se me hace la boca agua/como con los ojos.*

Gramática y Funciones

EL PRESENTE DE SUBJUNTIVO. VERBOS REGULARES E IRREGULARES

1 Completa las formas verbales que faltan del presente de subjuntivo de estos verbos irregulares.

buscar	obligar	utilizar	poner	poder	pedir	invertir
	obligue					
		utilices				inviertas
busque					pida	
			pongamos			invirtamos
				podáis		
				puedan		

2 Escribe el presente de subjuntivo de estas formas verbales.

1. tengo ....
2. dices ....
3. sabemos ....
4. desperdicio ....
5. repones ....
6. saciamos ....
7. estimulas ....

8. hacen ....
9. sé ....
10. hay ....
11. hablo ....
12. sentís ....
13. es ....
14. satisfacen ....

15. recargamos ....
16. comparten ....
17. quiero ....
18. vienen ....
19. pedís ....
20. consumimos ....
21. invierte ....

EXPRESAR OBLIGACIÓN Y NECESIDAD

3 a. Lee esta noticia y contesta las preguntas.

Comer emocionalmente

Este acto consiste en comer para afrontar las emociones en lugar de para calmar el hambre. Si se hace de forma habitual, puede afectar al peso, la salud y el bienestar general. La gente suele refugiarse en la comida cuando está estresada, se siente sola, triste, ansiosa o aburrida. Pero también lo hace por motivos positivos como compartir un postre en el día de San Valentín o la celebración de un banquete en un día festivo.

Los patrones de comer emocionalmente se pueden aprender: un niño a quien siempre se le da un dulce tras un logro importante puede crecer utilizando los dulces como recompensa por el trabajo bien hecho. Un niño que recibe galletas por dejar de llorar puede aprender a asociar las galletas al consuelo.

Todos tenemos nuestros propios alimentos *consuelo* y pueden variar según el estado de ánimo y el género: los que están contentos prefieren alimentos como la *pizza*, los que están tristes prefieren helado y galletas y los aburridos se mueren por los alimentos salados y crujientes, como las patatas fritas. Además, los expertos han comprobado que los hombres prefieren los alimentos calientes y caseros, como los filetes de carne y los guisos; y las mujeres, el chocolate y el helado.

Hay algunas medidas para evitar refugiarse en la comida como observar por qué se come, escribir en un diario los estados de ánimo y las comidas para ver el comportamiento con la comida, buscar actividades sustitutivas (llamar a amigos, hacer ejercicio, escuchar música, etc.) o pedir ayuda profesional, bien a un médico, un terapeuta o un entrenador físico.

Adaptado de http://kidshealth.org

1. ¿De qué forma puede afectar negativamente el exceso de alimentos *consuelo*?
   ....

2. ¿En qué situaciones emocionales come la gente?
   ....

3. ¿Qué diferencias hay entre los hombres y las mujeres en cuanto a los alimentos preferidos?
   ....

b. Completa las frases a partir de la información que has leído.

1. Es necesario ....
2. Es necesario que ....
3. Hace falta ....
4. Debemos ....
5. Hace falta que ....
6. No es obligatorio que ....
7. No podemos ....
8. Los jóvenes no deben ....

4 Indica si es necesario/obligatorio hacer esto en tu cultura. Usa las estructuras del cuadro.

- (no) deber/poder + infinitivo   • (no) es necesario/obligatorio (que)
  • (no) hace falta (que)

1. Dar propina al camarero en un restaurante.   ....
   ....

2. Comer en el transporte público.   ....
   ....

3. Hablar por teléfono en el cine.   ....
   ....

4. Elegir tú mismo la fruta en un mercado al aire libre.   ....
   ....

EXPRESAR ORGULLO Y VERGÜENZA

5 Escribe una frase completa con esta información.

1. Estar orgulloso (tú)/llevarse bien (tu familia).
   ....

2. Dar vergüenza (a él)/oler los alimentos antes de comerlos (la gente).
   ....

3. Estar orgulloso (nosotros)/no desperdiciar (vosotros) la comida.
   ....

4. Dar vergüenza (a vosotros)/consumir (vosotros) alimentos fuera de temporada.
   ....

5. Dar vergüenza (a ti)/no compartir (las personas) los alimentos con los más necesitados.
   ....

6. Estar orgulloso (ustedes)/dar ayudas a los agricultores (el gobierno).
   ....

7. ¡Qué vergüenza!/el ayuntamiento no hacer nada para favorecer los productos locales.
   ....

8. Estar orgulloso (yo)/haber diversidad cultural en mi país.
   ....

EXPRESAR ENFADO E INDIGNACIÓN, ALEGRÍA Y SATISFACCIÓN

6 Lee el siguiente texto y completa los comentarios de estas personas con las acciones del recuadro.

Costumbres perdidas

Hace unos años, antes de la expansión de las ciudades, la globalización y los matrimonios con dos sueldos, había un rito cotidiano llamado *comida familiar* que reunía a padres e hijos alrededor de la mesa. Y no solo para comer, sino también para contarse cómo había ido el día, escuchar a los demás y estrechar lazos familiares.

Comentarios 1: *Es estupendo* .... *Es fantástico que* ....

2: *Me molesta que* .... *Estoy harto de que* ....

3: *Me alegro cuando* ....

4: *Me pone de mal humor que* ....

5: *No soporto que* .... *Yo tengo suerte y estoy encantado de* ....

Acciones

- interponerse las obligaciones laborales en las relaciones personales.
- comer con la familia.
- tener un buen horario laboral.
- recuperar nosotros esta tradición.

- los padres no tener tiempo para hablar con sus hijos.
- el trabajo impedir una buena comunicación con la familia.
- la gente pasar tiempo con su familia.

7 Lee el decálogo que escribe esta persona y selecciona la forma correcta.

La alimentación y yo: mis sentimientos

1. Estoy harto de que las dietas no funcionar/funcionen.
2. Me pone de mal humor cuando las dietas son/sean aburridas.
3. Me molesta que la gente valore/valora el físico de la persona en lugar del interior.
4. Estoy encantado de llevar/lleve una alimentación sana.
5. Me da vergüenza que la gente no se cuide/cuidarse.
6. Es necesario que todos aprenden/aprendan a comer bien.
7. Es obligatorio que disminuir/disminuyamos los alimentos con grasas y aumentemos/aumentamos la ingesta de pescado.
8. Me pongo de buen humor si el menú está/esté lleno de color porque me gusta comer con los ojos.
9. Estoy orgulloso de tome/tomar mucha verdura.
10. No hace falta que pesar/peséis las comidas, pero sí es necesario comer/comáis despacio.

Módulo **4**   Gramática y Funciones   **37**

EXPRESAR ACUERDO Y DESACUERDO

8 Lee las frases y reacciona expresando acuerdo o desacuerdo según tu experiencia personal.

> • (no) creo/pienso que • me parece bien que • (no) estoy de acuerdo con/en (que)
> • me parece que • pienso lo mismo • a mí también/tampoco me lo parece
> • yo también/tampoco lo creo

1. Los mejores alimentos son los que tienen mejor apariencia física.
   ....
2. No creo que los alimentos más caros sean más saludables.
   ....
3. No estoy de acuerdo en que sentir la comida con los cinco sentidos haga que disfrutemos más de ella.
   ....
4. El color de los alimentos provoca el rechazo o el impulso de comerlo.
   ....
5. Probar una comida en silencio y sentir cómo cruje aumenta el placer que sentimos al comerla.
   ....
6. No pienso que las personas agobiadas con el trabajo utilicen la comida para aliviar el estrés.
   ....
7. La buena alimentación se aprende en los comedores escolares.
   ....

LOS VERBOS *PONER* Y *PONERSE*

9 Selecciona la forma correcta y di si se refiere a *poner* o *ponerse*.

1. Nos *ponemos/pone* furiosos cuando no atienden nuestras reclamaciones. (verbo: ....)
2. Te *pones/pone* de mal humor cuando hay mucha gente en el supermercado. (verbo: ....)
3. Nos *ponemos/ponen* de mal humor los precios abusivos en la comida. (verbo: ....)
4. Os *ponéis/pone* furiosos que no haya comida para todos. (verbo: ....)
5. Se *pone/ponen* furiosa si el supermercado vende productos caducados. (verbo: ....)
6. Me *pongo/pone* de mal humor cuando no puedo saborear la comida. (verbo: ....)
7. Les *pone/ponen* de mal humor no tener tiempo para comer con la familia. (verbo: ....)

10 Completa según tu experiencia personal.

1. Me pone contento que ....
2. A mi mejor amigo le ponen furioso ....
3. Me pongo alegre cuando ....
4. A mi padre le pone triste que ....
5. A mis compañeros de clase les pone furiosos que ....
6. Mi vecino se pone de mal humor cuando ....
7. El profesor se pone de buen humor si ....

LOS PRONOMBRES DE OD Y OI

11 Contesta las preguntas reemplazando los complementos de objeto directo e indirecto por su pronombre correspondiente.

1. ¿Podemos comer alimentos caducados? No, no ....
2. ¿El camarero os dio un buen servicio? Sí, ...

3. ¿Percibes bien el sabor de este alimento?   Sí, ...
4. ¿Crees que la gente desperdicia mucha comida?   Sí, ...
5. ¿En el comedor te dieron una mala alimentación?   No, no ....
6. ¿El gobierno debe repartir el excedente a los más desfavorecidos?   Sí, ...
7. ¿Tu país ofrece ayuda económica a asociaciones no lucrativas?   Sí, ...

EL PRONOMBRE *LO*

12 Marca en el diálogo a qué se refiere el pronombre *lo*.

A. ¿Por qué estás enfadada?

B. *Lo* estoy porque llevo dos meses haciendo un régimen especial y no estoy mejor.

A. ¿Pero *lo* estás haciendo bajo supervisión de un nutricionista?

B. Sí. Me *lo* recomendó una amiga, pero en mi caso no funciona, yo creo que es porque tengo mucho estrés.

A. ¿Y por qué *lo* tienes?

B. Tengo mucho trabajo, no duermo bien y como muy rápido.

A. ¡Ay! Eso no *lo* puedes hacer, los expertos dicen que es fundamental comer despacio.

B. *Lo* sé. Espero relajarme y controlar el estrés.

A. Seguro que *lo* vas a conseguir.

EXPRESAR FINALIDAD: *PARA (QUE), A FIN DE (QUE)*

13 Relaciona la información y forma frases completas con el verbo en la forma adecuada.

1. El menú (servir)
2. Ayer (poner, yo) una reclamación en el restaurante
3. Esta asociación (crearse)
4. El gobierno (ir) a producir lo necesario
5. Los países (invertir) en infraestructuras
6. (Haber) que donar los excedentes
7. (Ser) necesario consumir frutas y verduras

para (que)
a fin de (que)

a. (pedir, yo) una indemnización por darme comida en mal estado.
b. no (despilfarrar).
c. (informar) de las comidas.
d. los más necesitados (consumirlos).
e. (tener) una alimentación variada.
f. la comida (llegar) en buen estado.
g. la gente (recibir) ayuda.

1. ....
2. ....
3. ....
4. ....
5. ....
6. ....
7. ....

14 Escribe una frase expresando finalidad con esta información.

```
• reclamar     • tener conciencia social     • compartir los alimentos
      • seguir una dieta equilibrada     • comer con la familia
```

....
....

Expresar obligación y necesidad

- *(No) Es obligatorio/necesario terminar toda la comida.*
- *(No) Deben donar alimentos.*
- *(No) Podemos permitir el despilfarro.*
- *(No) Es necesario/obligatorio que seamos solidarios.*
- *(No) Hace falta que invitamos más y mejor.*
- *(No) Hace falta concienciar a las personas.*

Expresar orgullo

- *Estoy orgulloso de que se donen alimentos.*
- *Estoy orgulloso de no consumir demasiado.*

Expresar vergüenza

- *Me da vergüenza que malgasten la comida.*
- *Me da vergüenza tirar alimentos.*
- *¡Qué vergüenza consumir demasiado!*

Expresar enfado e indignación

- *Estoy enfadado/furioso con eso.*
- *Estoy de muy mal humor.*
- *Me pongo furioso/de mal humor cuando veo tanto despilfarro.*
- *Me pone furioso/de mal humor que la gente pase hambre.*
- *Estoy hasta las narices/harto de que se desperdicie el agua.*
- *Me molesta/No soporto que la gente tire comida.*
- *Me enfado cuando no como con mi familia.*

Expresar alegría y satisfacción

- *Estoy contento/alegre/satisfecho/de buen humor.*
- *Estoy encantado con mi trabajo/de estar aquí/de que estés aquí.*
- *Me pongo contento/de buen humor cuando/si estoy con él/al ver que todo el mundo se puede alimentar.*
- *Me alegro cuando/si hay comida para todos.*
- *Me alegro de que enseñen a cultivar a otros.*
- *Es estupendo/fantástico que no se desperdicie nada.*

Referirnos a algo o a alguien

- *El gusto lo localizamos en la boca.*
- *A los grandes chefs les han concedido un premio.*
- *Ya lo sabíamos.*
- *Sí, lo sé.*

Preguntar si se está de acuerdo

- *¿Piensas igual/lo mismo que yo?*
- *¿Tú qué crees/opinas/piensas?*
- *¿(A ti) qué te parece?*

Expresar acuerdo

- *Tienes razón.*
- *Sí, sí.*
- *Yo pienso lo mismo (que tú)*
- *Yo pienso como/igual que tú.*
- *Sí, yo también pienso/creo que el acto de comer es un placer.*
- *Estoy de acuerdo contigo.*
- *Sí, a mí también me parece que la comida estimula los sentidos.*
- *No, a mí tampoco me parece que el color de los alimentos sea importante.*
- *No, yo tampoco creo/pienso que el acto de comer sea un placer.*
- *Estoy de acuerdo con/en que la presentación de un plato es fundamental.*
- *Estoy de acuerdo con/en estimular los sentidos a través de la comida.*

Expresar desacuerdo

- *No tienes razón.*
- *No no.*
- *Yo no pienso lo mismo (que tú)*
- *Yo no pienso como/igual que tú.*
- *No, yo no pienso/creo que el acto de comer sea un placer.*
- *No estoy de acuerdo contigo.*
- *Yo no estoy de acuerdo con/en estimular los sentidos a través de la comida.*
- *A mí sí me parece que el color de los alimentos es importante.*
- *Yo sí creo/pienso que el acto de comer es un placer.*

- No estoy de acuerdo con/en que la presentación de un plato sea fundamental.
- No, a mí no me parece que la comida estimule los sentidos.

Reaccionar expresando acuerdo y desacuerdo
- A mí también/tampoco me lo parece.
- Yo también/tampoco lo creo.

Pedir a alguien que guarde silencio
- ¡Cállate, por favor!
- ¿Puedes callar(te) un momento, por favor?
- Espera un momento, déjame terminar.
- Estoy hablando yo, luego hablas tú.

Hacer referencia a algo
- Sobre este tema.
- Respecto a este tema.
- En/Con relación/referencia a este tema.
- En cuanto a la obsesión por la comida.

Expresar finalidad
- Necesito un bolígrafo para/a fin de escribir la reclamación.
- Voy a reclamar para que/a fin de que otros no tengan ese problema.

AHORA YA CONOCES

La alimentación
- desperdiciar, comestible, restos, donar, caducar, excedentes, agricultura, pudrirse, infraestructuras.

Los sentidos
- vista, oído, olfato, gusto, tacto, gelatinoso, intenso, amargo, picante, colorido, frío, blando, fuerte, sabroso, crujiente, soso, cremoso, desagradable, ácido, espumoso, rugoso, aromático, insípido, duro, flexible, caliente, sólido, líquido, vistoso, dulce, salado, suave, agradable.

Sentimientos de enfado y alegría
- furioso, hasta las narices.
- alegre, satisfecho.

Acciones relacionadas con la comida
- reponer/recargar energía, saciar/satisfacer el hambre, ingerir alimentos/alimentarse, compartir/repartir alimentos, estimular/ activar el apetito, compartir/repartir alimentos, disfrutar/deleitarse con la comida, suprimir/quitar el hambre.

La oficina del consumidor
- hoja de reclamación, establecimiento, consulta, importe, OCU (Organización de Consumidores y Usuarios), descontento, devolución.

Expresiones idiomáticas
- hacerse la boca agua, comer con los ojos, estar para chuparse los dedos, ponerse morado.

Léxico

EL MUNDO DE LA LECTURA

1 Marca las palabras que no corresponden con la serie e indica a qué grupo pertenecen.

1. Libro, revista, periódico, policíaca, tebeo, cuento, argumento.
2. Ocio, estudios, cómics, trabajo, interés cultural, vacaciones, personajes.
3. Habitual, ocasional, castellano, librería.
4. Novela, libros, teatro, protagonista, poesía.

    a. Tipo de publicación
    b. Tipo de lector
    c. Género literario
    d. Motivo de lectura

GÉNEROS LITERARIOS

2 Escribe el género al que pueden pertenecer estos títulos.

• novela romántica   • histórica   • ciencia ficción
• de terror   • policíaca   • cuento   • poesía   • teatro   • tebeo

1.

VIAJE AL ESPACIO
....

3.

Versos de amor
....

5.

Historietas para reír
....

7.

Había una vez un príncipe
....

9.

La vida en escenas
....

2.

LA HERMANA DEL NOVIO
....

4.

Atraco en la comisaría
....

6.

Reina de reinas
....

8.

Fobias
....

ACTIVIDADES CULTURALES

3 **a. Relaciona cada uno de estos términos con su complemento adecuado.**

1. Conferencias
2. Cuentacuentos
3. Tertulias y concursos
4. Festivales de
5. Lecturas en

a. infantiles
b. plenarias
c. literarios
d. instituciones
e. cantautores

1	
2	
3	
4	
5	

b. Lee las frases y selecciona la opción correcta.

www.festivaldelasartes.es

FESTIVAL DE LAS ARTES

- Este festival se *nombró/fundó* hace 5 años y anualmente recibe millones de visitantes de todas las edades, pero, especialmente, jóvenes de distintas nacionalidades.

- Las organizaciones e instituciones que *otorgan/llevan* a cabo la programación de las actividades lo hacen pensando en el tipo de público y teniendo en cuenta sus gustos e intereses.

- En este festival *participan/escuchan* muchos jóvenes en las diferentes actividades que *organizan/entregan* los responsables de cultura del ayuntamiento con la colaboración de otras instituciones.

- *Entrega/Ofrece* a los visitantes la oportunidad de asistir a conferencias, *escuchar/organizar* cuentos de la voz de sus propios autores y *nombrar/discutir* sobre temas culturales de actualidad, es decir, *realizar/programar* diferentes actividades.

- Los participantes pueden *ver/discutir* una muestra amplia de la cultura a nivel internacional, e incluso, en algunas actividades pueden ser una parte activa *entregando/programando* los premios a los ganadores.

- La sección de escritura creativa cuenta con escritores de renombre internacional que *informan/consideran* al público sobre sus últimos trabajos.

LOS SOPORTES DE LECTURA

4 Escribe al lado de las siguientes características libro impreso (I) o libro electrónico (E).

1. Fácil de distribuir a través de la red.   (............)
2. Se necesitan librerías y libreros para su venta.   (............)
3. Contiene más información y la posibilidad de acceder a datos externos.   (............)
4. Algunos son pesados e incómodos.   (............)
5. Se necesita batería para su uso.   (............)
6. Te los puede dedicar el autor.   (............)
7. Puede ir acompañado de vídeos.   (............)
8. No se puede manipular su contenido.   (............)

EL ARGUMENTO

5 Completa estas reseñas con una palabra del cuadro en la forma correcta.

> - narrador
> - protagonista
> - distante
> - inocencia
> - personaje
> - soledad
> - infancia
> - crecimiento

1.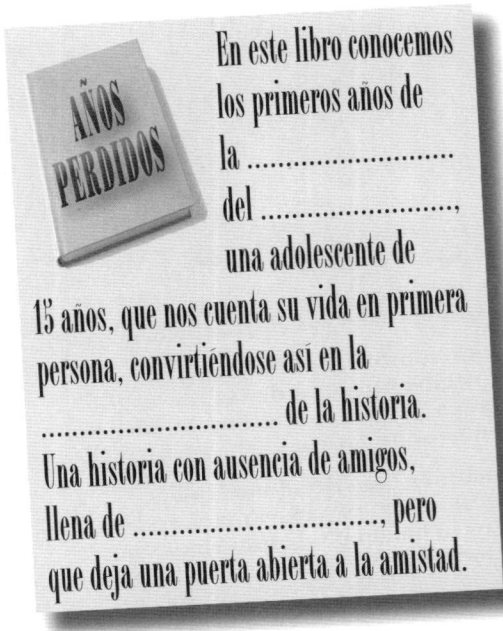

En este libro conocemos los primeros años de la .... del ...., una adolescente de 15 años, que nos cuenta su vida en primera persona, convirtiéndose así en la .... de la historia. Una historia con ausencia de amigos, llena de ...., pero que deja una puerta abierta a la amistad.

2.

En *Vidas marcadas*, los .... principales son dos hermanos gemelos que estudian en un internado desde muy pequeños. Nos cuentan cómo es su .... en el centro, no solo físico sino también intelectual; cómo mantienen una relación muy .... con sus padres, debido a las normas estrictas del centro en el que apenas hay comunicación con la familia y cómo la .... de los niños se va perdiendo según van creciendo dejando paso a la maldad.

Una historia llena de sentimientos desde la primera página hasta la última.

6 Explica el significado de estos términos con tus propias palabras.

1. Narrador ....
2. Protagonistas ....
3. Infancia ....
4. Inocencia ....
5. Soledad ....

EXPRESIONES IDIOMÁTICAS

7 Lee las siguientes frases y relaciona los términos marcados con su significado correspondiente.

1. *Estaba tirado* en la cama porque estaba muy cansado.
2. Como *estaba tirado*, me compré cinco.
3. Esperaré a las rebajas. Ahora los zapatos *están por las nubes*.
4. ¿En qué estará pensando? Siempre *está en las nubes*.

a. barato
b. despistado
c. tumbado
d. caro

1	
2	
3	
4	

8 Lee las frases y selecciona la opción correcta.

1. La expresión *costar un ojo de la cara* significa:
   a) costar mucho dinero   b) costar mucho trabajo hacer algo   c) ser barato

2. *Ser una ganga* significa:
   a) ser caro   b) ser barato   c) ser fácil

3. La expresión *estar por las nubes* significa:
   a) estar muy lejos   b) estar desorientado   c) ser caro

4. La expresión *estar tirado* significa:
   a) ser una ganga   b) costar un ojo de la cara   c) estar por las nubes

Gramática y Funciones

LOS ADVERBIOS EN -MENTE

1 Escribe el adjetivo que corresponde a estos adverbios.

1. últimamente ....
2. atentamente ....
3. verdaderamente ....
4. habitualmente ....
5. difícilmente ....

6. fuertemente ....
7. ciertamente ....
8. mensualmente ....
9. anteriormente ....
10. pausadamente ....

2 Escribe el adverbio que corresponde a estos adjetivos.

1. asiduo ....
2. cómodo ....
3. obvio ....
4. posterior ....
5. diario ....
6. sabio ....
7. fácil ....

8. anual ....
9. libre ....
10. suave ....
11. rápido ....
12. tranquilo ....
13. lento ....
14. casual ....

3 Clasifica los adverbios de los ejercicios 1 y 2 en el grupo correcto.

Tiempo	Frecuencia	Modo	Afirmación

4 Selecciona el adverbio adecuado y completa las frases.

• finalmente	• verdaderamente	• efectivamente	• puntualmente
• rápidamente	• inmediatamente	• últimamente	• cómodamente

1. En serio. Este problema, ..., está mal planteado.
2. Iba todos los días .... a la cita.
3. .... terminó su tesis, después de cinco años.
4. ¿Dónde estará? .... no la vemos nada.
5. Salió .... y no la pudimos ver.
6. Me senté .... en aquella butaca durante la conferencia.
7. Ven aquí .... Ya es la tercera vez que te llamo.
8. ¿Quién te lo ha dicho? ¿............................... eso fue lo que pasó?

DESTACAR UN ELEMENTO Y ORGANIZAR LA INFORMACIÓN

5 a. Lee el siguiente texto, ordénalo y complétalo con uno de los siguientes organizadores del relato.

• en cuanto a • además • por último • en primer lugar • es importante

EL PLACER DE LEER

☐ .... soy de los que consideran que, por muchas obligaciones y poco tiempo que se tenga, las cosas que nos gustan no deben dejarse a un lado, porque mañana, cuando despiertes y veas que nada te hace sentir completo, desearás encontrar ese momento íntimo que te regala la lectura.

☐ .... crear un ambiente donde la lectura esté presente como algo cotidiano: consultar un diccionario, hacer una lectura en voz alta, leer un libro que nos guste antes de dormir, pensar en qué libro llevarnos en las vacaciones, visitar librerías y hacernos socios de alguna biblioteca.

☐ .... quiero terminar diciéndoos que...

☐ .... obligar y prohibir algún tipo de lectura son caminos que no conducen a ninguna parte, ya que esta se presenta sola, cada uno sabe intuitivamente qué quiere leer.

☐ .... tengo que deciros que leer, aunque sea por placer, implica un ejercicio, un tiempo, y a veces hasta cierta dedicación, pero aunque el tiempo disminuya a medida que las responsabilidades aumentan, uno debe hacerse un espacio mínimo para mantener esa práctica.

Adaptado de http://es.scribd.com

b. Ahora, escribe un breve texto contestando a estas preguntas.

• ¿Lees por placer u obligación? Justifica tu respuesta.
• ¿Cuál fue el último libro que leíste en vacaciones? Escribe su argumento.

....
....
....
....

EL PRETÉRITO PLUSCUAMPERFECTO

6 Escribe el pretérito pluscuamperfecto de estos verbos.

1. volver, tú ....
2. poner, él ....
3. ir, yo ....
4. estar, nosotros ....
5. describir, usted ....
6. ver, vosotros ....
7. decir, tú ....
8. narrar, yo ....
9. descubrir, él ....
10. esconder, vosotros ....
11. hacer, ustedes ....
12. leer, nosotros ....
13. publicar, ellas ....
14. abrir, ellos ....

7 Lee las frases y completa con pretérito perfecto simple o pretérito pluscuamperfecto.

1. Ayer cuando (ver, yo, a vosotros) .... en la fundación, ya (terminar, la conferencia) ....

2. Aquel día (decir, él, a nosotros) .... que (tener, él) ....
un accidente en su niñez.

3. (Llamar, Raúl, a ella) .... por teléfono porque todavía no (recibir, ella) .... la contestación.

4. Cuando (llegar, Montse) ...., ya (cenar, ellos) ....

5. El año pasado (ir, nosotros) .... a Brasil, pero no (ser) .... la primera vez. Ya (estar, nosotros) .... hace muchos años.

6. ¿Dónde (dormir, tu prima) ....? Ya (reservar, nosotros, a ella) .... la habitación en el hotel y no (aparecer) ....

7. No (escribir, yo, a ti) .... durante aquellos años porque nuestra relación ya (terminar) ....

8. Finalmente ayer (traer, él, a mí) .... lo que le (encargar, yo) ....

8 Selecciona la forma verbal adecuada.

1. No le dejé el libro porque ya lo *he devuelto/había devuelto* a la biblioteca.
2. Este es el libro que me *había cambiado/ha cambiado* la vida.
3. A los pocos días le dije que ya lo *había pensado/he pensado* bien.
4. No va al festival porque se *ha ido/había ido* de viaje.
5. Estuvimos en la tertulia que *ha organizado/había organizado* el club de lectura.

9 Completa las noticias en pasado con el tiempo verbal adecuado.

FESTITURO: el futuro festival del futuro

Esta semana (celebrarse) .... la primera edición de FESTITURO, seguro que nunca antes (participar, tú) .... en un festival como este.

Es el festival del futuro en el que cada participante programa las actividades.

Antes los festivales los (organizar) .... una institución o una asociación, ahora es el visitante el que lo hace. Por eso, este año FESTITURO (querer) .... ser el primero en llevar a cabo algo así y la respuesta no (poder) .... ser mejor porque en su primera edición (recibir) .... millones de visitantes. El año pasado, ningún festival (obtener) .... esta cantidad de participantes.

DÍA DEL LIBRO

El pasado abril (celebrarse) .... el Día del Libro, un evento que (reunir) .... a millones de participantes a nivel mundial. En Madrid, la feria del libro (ser) .... un éxito porque (aumentar) .... las ventas del libro. Sus visitantes (ser) .... de diferentes nacionalidades debido al carácter turístico de la ciudad. En la feria (venderse) .... libros de diferentes géneros, pero (ganar) .... la ciencia ficción.

Todavía no (terminar) .... el plazo para inscribirse en el concurso literario. Tienes dos días más. ¡apúntate!.

PREMIO CERVANTES

La semana pasada el último premio Cervantes (visitar) .... nuestro centro y los alumnos de Periodismo (poder) .... entrevistarlo. El escritor (responder) .... amablemente a todas las preguntas y (compartir) .... su tiempo libre con los estudiantes a pesar de que antes de la visita (dar) .... una conferencia en otra universidad.

La entrevista (ser) .... increíble. Si quieres verla, entra en www.entrevistaspremiocervantes.es, escúchala y envíanos tu opinión.

EL PRONOMBRE *SE*

10 Completa estos anuncios con uno de estos verbos en forma impersonal o pasiva refleja.

> • informar • ofrecer • fundar • discutir • otorgar • estudiar • comer • hablar

En esta zona .... viviendas a muy buen precio.

.... a todos los usuarios que mañana no hay servicio de autobuses.

Esta compañía .... hace diez años.

Actualmente .... más en las bibliotecas.

En ese programa .... temas muy controvertidos.

Esta semana .... el Premio Cervantes.

En España .... mucho y rápido.

Aquí .... bien y barato.

11 Lee las frases y elige si es pasiva refleja (P) o impersonal (I).

1. Hoy se celebra el Día de San Valentín.   (P)/(I)
2. En España se viaja mucho.   (P)/(I)
3. Anualmente se entregan premios a las artes.   (P)/(I)
4. Se vive bien en las zonas costeras.   (P)/(I)
5. Se organizan eventos culturales con motivo del Día del Libro.   (P)/(I)
6. En esta universidad se estudia mucho.   (P)/(I)
7. Todos los años se organiza el festival de poesía romántica.   (P)/(I)
8. Con motivo de aniversarios y conmemoraciones se realizan homenajes.   (P)/(I)

REFORMULAR

12 Completa este párrafo con las reformulaciones adecuadas que te damos a continuación.

Personalmente, creo que hay un detrimento de la lectura respecto a otras actividades lúdicas, 1. .... Por otra parte, también opino que las lecturas «obligadas» por las instituciones de enseñanza son bastante aburridas, 2. .... Tengo que decir que mi experiencia con la lectura, muy a mi pesar, ha sido escasa. 3. ....

a. Dicho con otras palabras, solo he leído los libros que me han obligado cuando estudiaba.

b. Vamos, que la causa de la poca lectura es la aparición de nuevas tecnologías como los ordenadores y los móviles.

c. Es decir, aportan poco al fomento de la lectura.

POSICIONARSE A FAVOR O EN CONTRA

13 Selecciona la opción correcta.

1. Estoy de acuerdo con *se utilicen/utilizar* libros digitales en los colegios.
2. Estamos en contra de que *cortar/corten* árboles.
3. Estoy de acuerdo con que *ser/sea* más caro.
4. Estoy en contra de que lo *imprimemos/imprimamos*.
5. No estoy de acuerdo con que *poder/podamos* añadir un vídeo.
6. Estoy de acuerdo con que *publican/publiquen* más libros impresos.
7. Estoy a favor de *se compre/comprar* por Internet.
8. No estoy en contra de que *lean/leen* libros digitales.

EXPRESAR CONCESIÓN CON INFINITIVO, INDICATIVO Y SUBJUNTIVO: *PERO, AUNQUE, A PESAR DE (QUE), SIN EMBARGO*

14 Completa estas frases con el verbo en la forma adecuada.

1. La Literatura está considerada, hoy en día, como un entretenimiento aunque, como todos sabemos, esta afirmación no (gustar) .... a todo el mundo.

2. Sin embargo, tengo que decir que, a diferencia del espectáculo del sol hundiéndose en el horizonte, un poema o una novela no (fabricarse) .... simplemente por el azar o la naturaleza.

3. Creo que una persona que no lee, lee poco, o lee solo basura, habla mucho, pero (decir) .... siempre pocas cosas.

4. Navego mucho por Internet, pero aunque (navegar) ...., nunca voy a usar la red para leer los poemas de Góngora.

5. No es nuevo que la buena literatura es siempre —aunque no lo (pretender) .... ni lo (advertir) ....— un desafío a lo que existe.

6. Los medios audiovisuales tampoco están en condiciones de suplir a la literatura a pesar de (intentar) .... hacerlo.

7. A. Los programas literarios en la radio o la televisión rara vez conquistan al gran público, a pesar de que (estar) .... creciendo el número de oyentes o televidentes.
   B. Ya, pero a pesar de que (estar) .... creciendo nunca lo conquistarán.

15 Completa los diálogos con uno de los siguientes conectores.

• pero	• aunque	• a pesar de (que)	• sin embargo

1. A. ¿Has estado en la feria del libro?
   B. Sí, ayer, ... no había ningún autor firmando libros.

2. A. ¿Qué tal la obra de teatro?
   B. Fue buenísima. ...., no había casi nadie viendo la obra.

3. A. ¡Qué rabia! No me pude hacer una foto con mi autor preferido, ... tenerlo a mi lado.
   B. Bueno, otra vez será.

4. A. ¡Cuánta gente! ¡Con lo cara que era la entrada!
   B. Ya te lo dije, ... sea más caro el teatro, la gente lo prefiere.

5. A. .... vamos todos los días, nunca nos invita.
   B. Bueno, ... no os invite, no pasa nada, ¿no?

6. A. A los niños les encantan los cuentos.
   B. Sí. ...., el número de ventas no ha crecido.

7. A. ¿Qué tal ayer?
   B. Bueno, ... los inconvenientes, pudimos organizar el cuentacuentos.

Expresar tiempo, frecuencia, afirmación y modo

- *Estuvo anteriormente.*
- *Raramente se le ve.*
- *Naturalmente que voy.*
- *Está estupendamente.*

Destacar un elemento

- *Hay que destacar/tener en cuenta que los jóvenes prefieren el soporte digital.*
- *Los jóvenes, sobre todo/en concreto/ concretamente/en particular/ particularmente los españoles, prefieren el libro digital.*

Organizar la información

- *En primer lugar, los hábitos de lectura están cambiando. En cuanto al perfil de lector, las mujeres son las que leen más. Por último, los hombres leen más periódicos.*

Contar un acontecimiento pasado anterior a otro también pasado

- *Cuando tenía 10 años, ya había leído los cuentos infantiles clásicos.*

Valorar

- *Es buenísimo, malísimo, original, horrible, claro, sencillo, complicado, precioso.*

Expresar una acción sin importar quién la realiza

- *Se entrega el Premio Cervantes.*
- *Se entregan los Premios Cervantes.*

Expresar impersonalidad o generalizar

- *En España se lee poco.*

Reformular

- *Es decir/O sea...*
- *Mejor dicho...*
- *Dicho de otra manera...*
- *Dicho con otras palabras...*
- *Vamos, que...*
- *Es sinónimo de...*

Pedir a alguien que repita

- *Perdón, ¿puede repetir?*
- *Repita, por favor.*
- *¿Me lo repite, por favor?*
- *¿Qué?/¿Qué dice?*
- *¿Cómo?/¿Cómo dice?*
- *¿Qué ha dicho?*

Posicionarse a favor o en contra

- *(No) Estoy a favor del libro digital.*
- *(No) Estoy de acuerdo con utilizar solo libros digitales.*
- *(No) Estoy de acuerdo con que se utilice el libro digital en clase.*
- *Estoy en contra de que se elimine el libro de papel.*
- *¡Bien hecho/dicho!*

Expresar oposición a una información dicha anteriormente

- *Es feliz, pero/sin embargo su felicidad cambia cuando inicia el colegio.*
- *La historia es autobiográfica, aunque/a pesar de que aparecen elementos ficticios.*
- *Es feliz, a pesar de su situación familiar.*
- *Aunque/A pesar de que su situación familiar no sea buena, ella necesita a su familia.*

El mundo de la lectura
- *lector ocasional/habitual.*
- *motivos de lectura: por estudios, trabajo, ocio, interés cultural.*
- *tipos de publicaciones: revistas, periódicos, cómics, libros, digital.*

Géneros literarios
- *poesía, teatro, tebeo, cuento, novela de terror/aventuras/ciencia ficción, romántica, policíaca, histórica.*

Organizadores de la información
- *en primer lugar, primeramente, por una parte, además, también, en cuanto a, por otra parte, en último lugar, por último.*

Actividades culturales
- *cuentacuentos, tertulias literarias, concursos literarios, festivales de cantautores, conferencias, lecturas en instituciones.*

- *fundar, ofrecer, organizar, informar, realizar, considerar, discutir, otorgar, escuchar, programar, celebrar, ver, entregar, nombrar, llevar a cabo, participar.*

Los soportes de lectura
- *papel, electrónico, ligero, pesado, tamaño, letra, caro, diseño, textura, ilustración, páginas, incómodo, estantería, dispositivo, batería, energía, información, marcapáginas.*
- *llevar, cambiar, consumir, mantener, estropear, borrar, perder, escribir, dedicar, admitir, coleccionar, prestar, meter, usar, obtener, perder.*

Argumento
- *narrador, protagonista, personaje, infancia, inocencia, crecimiento, soledad, distante.*

Expresiones idiomáticas
- *estar tirado, costar un ojo de la cara, ser una ganga, estar por las nubes.*

Léxico

LAS ARTICULACIONES

1 Lee las frases y completa con el nombre de la articulación apropiada.

1. Tenemos dos y nos ayudan a doblar las piernas. ....
2. Está entre la mano y el brazo. ....
3. Tenemos dos y nos ayudan a doblar los brazos. ....
4. Unen el pie y la pierna. ....
5. Tenemos dos y les encanta el baile. ....
6. Tenemos dos y de ellos nacen los brazos. ....

LOS REMEDIOS, LAS HERIDAS, LOS TRAUMATISMOS Y LOS SÍNTOMAS

2 Observa estas imágenes, di cómo se llama lo que ves, para qué sirve y cuándo hay que usarlo.

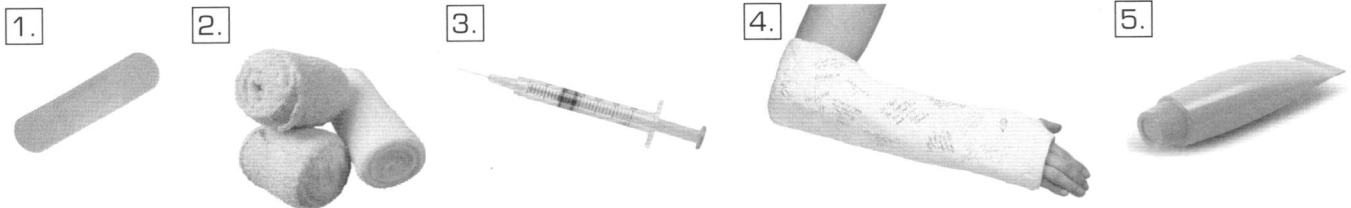

1.   2.   3.   4.   5.

1. ....
2. ....
3. ....
4. ....
5. ....

3 Escribe las acciones que reflejan estas imágenes utilizando el vocabulario del cuadro.

Acciones:	• quedar	• hacer	• poner	• recetar	• cortarse	• dar	• hacerse
Sustantivos:	• radiografía	• cicatriz	• analgésico	• venda	• esguince	• dedo	
	• puntos						

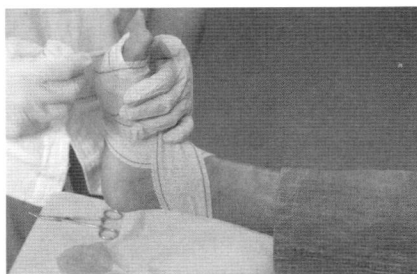

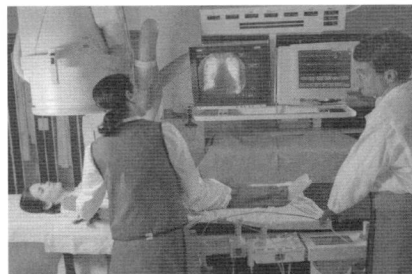

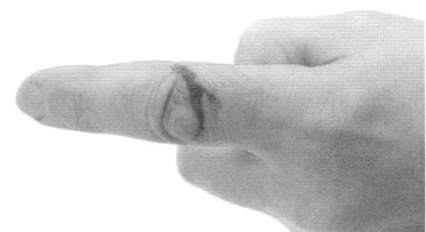

1. ....   2. ....   3. ....

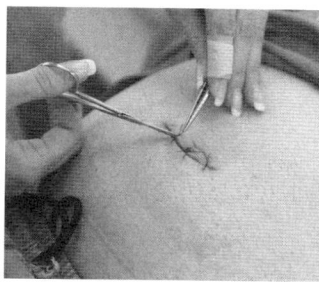

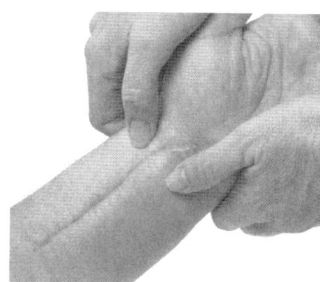

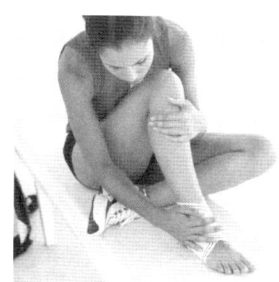

4. ....   5. ....   6. ....   7. ....

4 Relaciona cada una de las palabras de la primera columna con su sinónimo.

1. dolor
2. enrojecimiento
3. ampolla
4. fiebre
5. escalofrío
6. hemorragia
7. inflamación

a. hinchazón
b. sangrado
c. daño
d. temblor
e. irritación
f. calentura
g. bulto

1	
2	
3	
4	
5	
6	
7	

5 Lee las experiencias en urgencias de estos participantes en el foro y completa con el vocabulario del cuadro.

- inflamación   • fiebre   • radiografía   • dolor   • hemorragia
- cicatriz   • escalofríos   • ampollas   • inyección   • gasa
- antiinflamatorio   • pomada   • enrojecimiento

e   🔍   Compartir   Informar sobre mal uso   Siguiente blog»   Crear un blog   Acceder

FORO

EXPERIENCIAS EN URGENCIAS

Ojohinchad@: A causa de un golpe con la puerta, me corté la ceja y tuve una pequeña ...., así que fui a urgencias. Allí me limpiaron la herida con una .... y me dieron varios puntos muy juntos para no dejarme .... Luego me pusieron una .... Ahora, estoy tomando .... para bajar la .... que tengo en el ojo. Me han dicho que tengo que estar así varios días.

tembloros@: Hace una semana sentí muchos .... por todo el cuerpo y eso que estamos en verano. De repente noté .... en la cara y el cuello, puse la mano en la frente, tenía .... y sudaba mucho. En urgencias me hicieron pruebas de alergia alimentaria... ¡tengo alergia al marisco!

delicad@: Fui a urgencias por un fuerte .... en el pie, la semana anterior había caminado mucho y tenía .... en los pies. Me hicieron una .... y no lo tenía roto, pero me dolía mucho, al final me curaron, me dieron una .... y ahora soy otro, estoy feliz.

6 Observa estas imágenes y relaciona cada una con el término adecuado.

| • medicamento | • cirugía | • aromaterapia | • acupuntura | • meditación |

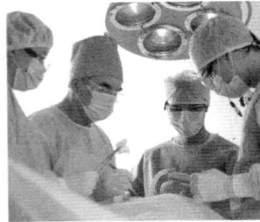

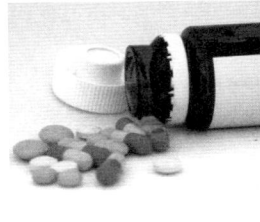

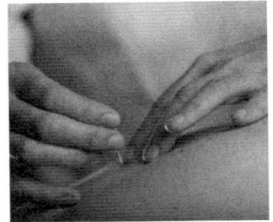

1. .... 2. .... 3. .... 4. .... 5. ....

7 Lee las frases y selecciona la opción correcta.

1. La medicina *convencional/alternativa* ofrece terapias como la homeopatía.
2. Si un paciente está mal, lo *ingresan/entregan* al menos una noche en el hospital.
3. El *científico/endocrinólogo* trata a pacientes que tienen sobrepeso, problemas hormonales o diabetes.
4. Para *combatir/atender* las enfermedades, la *farmacología/homeopatía* ofrece una variedad de medicamentos de los que se sirve la medicina convencional.
5. El mejor tratamiento es el que suaviza, es decir, *mitiga/trata* los efectos secundarios de los medicamentos.
6. El *terapeuta/científico* se centra en la persona y el *terapeuta/científico*, en la enfermedad.
7. El paciente se pone nervioso cuando el doctor le *entrega/trata* el resultado.
8. En los últimos años, la medicina ha experimentado un gran *tratamiento/avance*.

EXPRESIONES IDIOMÁTICAS

8 Completa estos consejos con la expresión idiomática adecuada.

| • estar en buenas manos | • estar hecho polvo | • tener una salud de hierro |
| • ser peor el remedio que la enfermedad |

MédicaSalud

● Para .... es necesario comer mucha fruta y verdura.

● Si trabaja demasiado, está cansado, se siente mal, es decir, ..., venga a nuestro centro de descanso, aquí .... porque somos profesionales y expertos en el descanso.

● No tome ningún medicamento sin hablar antes con un profesional porque a veces ....

Gramática y Funciones

LAS PERÍFRASIS DE INFINITIVO, GERUNDIO Y PARTICIPIO

1 Completa estas frases con una de las siguientes perífrasis en el tiempo adecuado.

> • volver a   • llegar a   • ir   • estar   • dejar (de)   • seguir

1. Finalmente, el año pasado Luis .... admitir la gravedad de su enfermedad. Por un problema en el estómago .... comer lácteos y carne, solo tomaba fruta y verdura y según pasaban los días .... encontrándose mejor. Ahora .... ser de nuevo el mismo chico simpático de antes de la enfermedad.
2. El doctor la .... tumbada en la camilla porque estaba cansada.
3. Nos .... atendiendo el mismo doctor, no hemos cambiado porque nos gusta mucho.
4. Dale un pañuelo porque va a .... llorar otra vez.
5. En este momento no puede hablar con el doctor porque .... hablando con un paciente.

2 a. Completa este blog médico con la perífrasis adecuada y los verbos del cuadro.

> • hacer (x2)   • practicar   • doler   • levantar (x2)
> • mejorar   • ver   • estirar   • tumbar

BLOG MÉDICO

Deportista19: Hace unos días, en el gimnasio, yo .... pesas y me hice daño en la espalda. Me dolía mucho, así que acudí a mi médico de familia, me examinó, me .... en la camilla unos minutos para ver si me sentía mejor, pero no consiguió nada. He tomado calmantes y después de una semana me .... la espalda. ¡Ha sido horrible! Gracias a una amiga, fui al osteópata, en dos sesiones estoy fenomenal, así que mañana voy a .... al osteópata otra vez.

• *Comentario:* Olvídese de levantar peso. No .... pesas de nuevo, el deporte más sano y completo es la natación.

Saludehierro: Normalmente tengo una salud de hierro, pero llevo unos días con dolor en brazos y piernas, me duelen tanto que he tenido que .... deporte y parece que .... un poco, pero lentamente. ¡Necesito .... deporte otra vez! No puedo estar en casa sentado, sin hacer nada.

• *Comentario:* Tenga paciencia, túmbese unos minutos al día y .... los brazos y las piernas. En unos meses va a .... deporte otra vez, no se preocupe.

b. Marca si son verdaderas o falsas las siguientes afirmaciones.

1. La medicina natural puede solucionar problemas que la convencional no puede.   V/F
2. Se hizo daño en la espalda por levantar peso en casa.   V/F
3. El dolor en brazos y piernas impide hacer actividad física.   V/F
4. Un internauta tiene miedo de no volver a hacer ejercicio.   V/F
5. El mejor ejercicio es tumbarse unos minutos para estirar el cuerpo.   V/F

3 Completa según tu experiencia personal y con la forma correcta de la perífrasis.

1. Esta semana (volver a, yo) ....
2. Mi familia (seguir) ....
3. En este momento (estar, yo) ....
4. Ayer (dejar de, yo) ....
5. Esta mañana (dejar, yo) ....

4 Observa las imágenes y reconstruye la historia usando las perífrasis adecuadas.

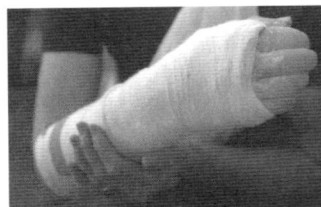

....
....

VALORAR

5 Lee la evaluación que hace un paciente del centro de salud y selecciona la forma correcta.

Médica Salud

Personal sanitario:
1. Es bueno que los médicos *estén* ☐ / *estar* ☐ muy bien preparados.
2. Es negativo *contraten* ☐ / *contratar* ☐ personal sanitario sin formación específica.

Atención médico - paciente:
3. Veo bien que el médico *adapte* ☐ / *adaptar* ☐ el tiempo de atención al paciente según su estado.
4. Me parece mal que el médico *use* ☐ / *usar* ☐ terminología específica que el paciente no comprende.
   Es bueno que *explique* ☐ / *explicar* ☐ al paciente su enfermedad en términos comunes para que lo entienda.

Administración:
5. No me parece bien que el paciente *tenga* ☐ / *tener* ☐ que esperar mucho tiempo para ver a un especialista.
   Lo encuentro una exageración.
6. Es bueno *pueda* ☐ / *poder* ☐ elegir médico de cabecera.

Servicios:
7. Me parece muy importante que *hay* ☐ / *haya* ☐ visitas médicas a domicilio.
8. Es una pena que el servicio de urgencias *esté* ☐ / *estar* ☐ saturado. Encuentro negativo que no *amplíen* ☐ / *ampliar* ☐ el número de médicos en este servicio.
9. ¡Qué bien que el hospital *prepare* ☐ / *preparar* ☐ menús diarios variados!
10. Veo muy bien la limpieza que *realizan* ☐ / *realicen* ☐ en las habitaciones. Es bueno *esté* ☐ / *estar* ☐ en un espacio limpio.

Instalaciones:
11. Considero muy modernas las máquinas que *tienen* ☐ / *tengan* ☐ en los hospitales para hacer las pruebas a los pacientes.
    Es bueno que *disponer* ☐ / *dispongamos* ☐ de los equipos más avanzados.
12. No me parecen muy buenas las habitaciones que *haya* ☐ / *hay* ☐ en los hospitales, son pequeñas y hay que compartirlas.
    Es mejor que el paciente *está* ☐ / *esté* ☐ solo y no *tiene* ☐ / *tenga* ☐ que compartir con otros pacientes la habitación.

6 Selecciona qué tiene tu centro de estudios o trabajo y valóralo con las expresiones del cuadro.

> • me parece bien/mal (que) • es bueno/malo (que)
> • considero/veo/encuentro interesante (que) • ¡qué bien que!

- biblioteca
- cafetería/comedor

- conexión a Internet
- sala de reuniones

- aulas/oficinas
- gimnasio

Mi valoración: ....
....

EL IMPERATIVO FORMAL AFIRMATIVO Y NEGATIVO

7 Completa la tabla con las formas del imperativo que faltan.

	dar	tranquilizarse	ser	divertirse	decir	dormir	elegir
Ud.	*dé*	....	....	....	*diga*	....	....
Uds.	....	....	....	....	....	....	*elijan*

8 Clasifica estos verbos según su irregularidad y forma su imperativo en la forma *ustedes*.

> • disminuir • conocer • pensar • escoger • volver • distribuir
> • mentir • buscar • dirigir • construir • avergonzarse • llegar
> • vestirse • encontrar • utilizar • servir • proteger • seguir
> • apagar • tocar • encender • obedecer • colocar • conducir

e>ie:
- ....
- ....
- ....

e>i:
- ....
- ....
- ....

o>ue:
- ....
- ....
- ....

ui>uy:
- ....
- ....
- ....

c>zc:
- ....
- ....
- ....

c>qu:
- ....
- ....
- ....

g>j:
- ....
- ....
- ....

g>gu:
- ....
- ....

z>c:
- ....

EL IMPERATIVO FORMAL CON PRONOMBRES DE OD Y OI

9 Reescribe las frases utilizando el verbo en imperativo y los pronombres de OD y OI.

1. probar, usted/terapias alternativas: ....
2. no utilizar, ustedes/colores oscuros: ....
3. escuchar, usted/música relajante: ....
4. pedir, ustedes/indemnización, al dueño del restaurante: ....
5. aconsejar, ustedes/yoga, a nosotros: ....
6. explicar, ustedes/el problema, al paciente: ....
7. no ocultar, usted/los diagnósticos, a la familia: ....
8. ofrecer, ustedes/remedio natural, a mí: ....

10 Completa estos consejos en imperativo formal (*usted*). Después selecciona la opción correcta.

A TODO COLOR

1. (Animarse) .... a integrar la colorterapia en su vida.
2. (Utilizar) .... los colores para equilibrar la salud y tratar dolores físicos, emocionales y mentales.
3. (Devolver) .... al cuerpo su armonía, (recuperarse) .... física y emocionalmente con los colores. (Percibir, los colores) .... por medio de ejercicios respiratorios. (Hacer, los ejercicios) .... para trabajar diferentes aspectos como la vitalidad, la alegría: (elevar) .... el ánimo con el rojo, (tratar) .... la depresión y el cansancio con el naranja, (incrementar) .... la fuerza intelectual con el amarillo, (usar) .... el violeta para favorecer la intuición, (obtener) .... la paz y relax con el azul o (estimular) .... la creatividad con el verde.
4. (Ponerse) .... ropa de diferente color según sus beneficios.
5. No (comer) .... siempre lo mismo, (hacerse) .... ensaladas, pero no (prepararlas) .... con los mismos ingredientes, (utilizar) .... frutas y verduras variadas: tomates, zanahorias, manzana, espinacas, etc.
6. (Pintar) .... cada habitación según sus virtudes terapéuticas.
7. (Mejorar) .... su ambiente de trabajo y (llenarlo) .... de plantas de diferentes colores.

Adaptado de varias fuentes

1. La colorterapia es buena para mejorar:
   - a) el aspecto físico
   - b) la enfermedad
   - c) el apetito
2. Para las personas que están cansadas el mejor color es:
   - a) el azul
   - b) el naranja
   - c) el amarillo
3. El color verde es muy útil para:
   - a) un pintor
   - b) un taxista
   - c) un secretario
4. El color rojo se utiliza para:
   - a) mejorar la respiración
   - b) eliminar el cansancio
   - c) sentirse más alegre

ANIMAR Y ADVERTIR

11 Observa estas imágenes y escribe una frase para animar o para advertir.

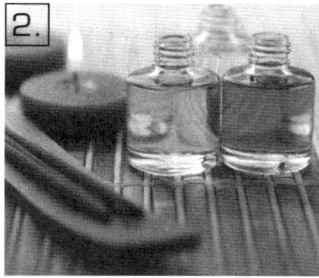

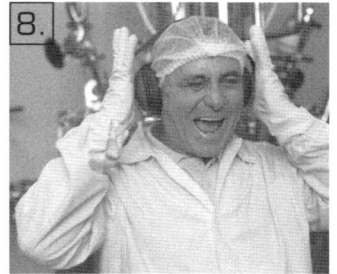

1. (animar) ....
2. (advertir) ....
3. (animar) ....
4. (animar) ....
5. (advertir) ....
6. (animar) ....
7. (advertir) ....
8. (advertir) ....

LOS DEMOSTRATIVOS NEUTROS

12 Selecciona el demostrativo correcto y explica su uso.

1. Tiene que tomar *esto/eso/aquello* que le escribo aquí cada tres horas.
   (...................................)

2. A. Entré en la consulta a las 16:00 h y salí a *esto/eso/aquello* de las 17:00 h porque me hicieron un TAC, *esto/eso/aquello* es, un escáner. (...................................)
   B. ¿Qué es *esto/eso/aquello*? (...................................)
   A. Una prueba para explorar el interior del cuerpo.

3. Tengo muchas cicatrices por el accidente y *esto/eso/aquello* que me trataron los mejores cirujanos.
   (...................................)

4. El doctor me dijo exactamente *esto/eso/aquello*: «Beba dos litros de agua y haga ejercicio».
   (...................................)

5. *Esto/Eso/Aquello* de allí es el nuevo centro de salud. (...................................)

6. Cuéntame *esto/eso/aquello* que te pasó hace dos años con el traumatólogo.
   (...................................)

Perífrasis verbales

Acción en progreso
- *Se le está hinchando la mano.*

Continuidad de la acción
- *Le sigue doliendo.*

Progreso en el desarrollo de la acción
- *Iban andando cuando se cayó.*

Resultado de una acción anterior
- *El doctor dejó inmovilizada la mano.*

Resultado final de algo
- *La herida llegó a infectarse.*

Fin de una acción
- *Le vendaron y dejó de sangrar.*

Repetición de una acción
- *Se volvió a producir el mareo.*

Pedir valoración
- *¿Qué te parece el sistema sanitario/ir a un hospital privado/que las listas de espera sean largas?*
- *¿Te parece(n) bien/mal/(una) buena/mala idea ir a un hospital público/que tengamos un segundo diagnóstico/las visitas a domicilio?*

Valorar
- *Veo/Encuentro/Considero/Me parece bien/mal/una pena este tema/que las listas de espera sean tan largas/trabajar con nosotros.*
- *Veo bien el tema que has comentado.*
- *La revisión médica que te has hecho está fenomenal.*
- *Que no vayas está fatal.*
- *Es (una) buena/mala idea comer alimentos sanos/que descanses.*
- *Es bueno/malo dormir ocho horas/que te automediques.*
- *¡Qué aburrido este tema/tener fiebre/que no vayamos todos juntos!*
- *¡Qué buena/mala noticia!*
- *Lo veo (muy)/encuentro feliz/una exageración.*

Animar a alguien a hacer algo
- *Vaya al médico.*
- *No pasa nada.*
- *No hay peligro.*
- *No tenga miedo de utilizar otras terapias.*

Advertir de algo
- *¡Tenga cuidado con esto!*
- *No confíe en terapeutas no acreditados.*
- *Le aviso de que eso puede traerle problemas.*
- *Le recuerdo que no todas las medicinas alternativas son iguales.*
- *Le advierto que esto puede ser negativo.*

Persuadir a alguien a hacer algo
- *Inténtelo.*
- *¿Por qué no lo intenta?*
- *¿Por qué no trata de hacerlo?*
- *No lo dude, decídase.*
- *Venga, hágalo, o ahora o nunca.*
- *… es una razón convincente para…*

Poner un ejemplo
- *Por ejemplo.*
- *Como ejemplo…*
- *A modo de ejemplo…*
- *Es como decir que…*
- *Un caso evidente es…*
- *Este es el caso de…*
- *Sirva de ejemplo…*

Referirse a una idea o frase dichas antes
- *Este doctor es poco profesional.*
- *¿Por qué dices eso?*

Referirse a algo cuyo nombre no sabemos
- *¿Puedes darme aquello?*
- *¿Qué es eso que estás viendo?*

Introducir las palabras exactas de otra persona
- *El doctor me dijo esto: «Si tiene dolores, tómese este analgésico».*

Expresar una hora aproximada
- *Fui a urgencias a eso de las dos de la mañana.*

Aclarar, explicar
- *Pido que le sancionen, esto es, que le abran un expediente.*

Expresar una oposición
- *Me atendió mal el traumatólogo y eso que era el jefe de Traumatología.*

AHORA YA CONOCES

Las partes del cuerpo: las articulaciones
- *la rodilla, el tobillo, la cadera, el hombro, el codo, la muñeca.*

Los remedios. Las heridas y los traumatismos
- *pomada, analgésico, antiinflamatorio, gasa, venda, vacuna, escayola, inyección, tirita, suero, antiséptico.*
- *quemarse la mano, tomar un antiinflamatorio/analgésico/dar puntos/ pomada/un calmante/un corte, cortarse la mano, quedar una cicatriz, poner escayola/una vacuna/una venda/una gasa, torcerse el tobillo, recetar una pomada/ un antiinflamatorio/un analgésico, curar una herida, hacerse un esguince, limpiar una herida, romperse la mano/el tobillo, escayolar la mano, vendar la mano/la muñeca/el tobillo, detener una hemorragia, hacer una radiografía, sangrar la pierna, inmovilizar el brazo, aplicar hielo.*

Síntomas
- *dolor, hinchazón, enrojecimiento, ampollas, fiebre, escalofríos, hemorragia, inflamación, picor.*

La sanidad pública y privada
- *estar en lista de espera, pedir cita, elegir centro médico, ingresar a un paciente, entregar el resultado.*

La medicina convencional y alternativa
- *mitigar, farmacología, combatir, atender, avance, tratar, tratamiento.*
- *medicina convencional: oficial, cirugía, científico, endocrinólogo, medicamento.*
- *medicina alternativa: homeopatía, aromaterapia, acupuntura, terapeuta, meditación.*

El sector sanitario
- *deficiencias en las instalaciones, mala atención, excesiva burocracia, trato preferente, recetar medicamentos, falta de camas, errores de diagnóstico.*

Expresiones idiomáticas
- *tener una salud de hierro, estar en buenas manos, estar hecho polvo, ser peor el remedio que la enfermedad.*

Léxico

FACTORES DEL SECTOR TURÍSTICO

1 a. Lee los siguientes párrafos y escribe el título adecuado a cada uno.

> • productos locales • actividades turísticas • impacto negativo • ecosistemas
> • establecimientos de hospedaje • centros de interpretación • recursos naturales

VIAJA*Libre*

• ....
Las excursiones cuentan con guías cualificados y acreditados por el organismo correspondiente e incluyen un tiempo libre para poder realizar compras, dar un paseo o hacer fotografías de forma tranquila.

• ....
El turismo masivo puede tener consecuencias negativas en la sociedad que lo recibe porque muchas veces su cultura se convierte en mercancía y los visitantes pueden recibir una imagen distorsionada de la realidad que han conocido.

• ....
Degustar la gastronomía de la zona es bueno para la economía local y, además, ofrece productos más frescos y con mejor sabor.

• ....
Muchos parques naturales disponen de espacios donde el visitante recibe información audiovisual de lo que va a ver, e incluso, en tiempo real pueden observar la flora y la fauna a través de cámaras distribuidas por diferentes puntos del parque.

• ....
La calidad no solo depende de la clasificación oficial otorgada sino también de la satisfacción del usuario y esta se relaciona con la atención del personal, la limpieza y comodidad de las instalaciones, sobre todo de las habitaciones.

• ....
La naturaleza proporciona elementos que pueden ser aprovechados por el hombre para satisfacer sus necesidades.

• ....
Afortunadamente todavía existen lugares en el planeta que no se han modificado por la acción humana.

b. Según los párrafos que has leído, indica si son verdaderas o falsas estas afirmaciones.

1. No dan facilidades para hacer excursiones. V F
2. Se pueden ver animales en el centro de interpretación. V F
3. Una habitación limpia depende de la calidad del hotel. V F
4. El hombre ha agotado los recursos naturales. V F

2 Completa con las palabras del cuadro en la forma correcta.

> • proyección   • desierto   • cabaña   • contaminación   • ecuestre
> • *camping*   • excursión   • guiado   • exposición   • gastronomía
> • bosque   • natural   • rural   • solar   • selva

AGENCIA DE VIAJES NATURALES

Aunque estamos especializados en turismo ...., nuestros destinos son variados, desde grandes .... donde disfrutar de una gran variedad de árboles hasta la .... para ver la fauna más diversa, e incluso, el .... para sentir el silencio y el vacío del espacio.

Organizamos visitas .... por el parque .... que hay en la zona centro del país. Si quieres, puedes alojarte en una ...., en un .... que hay al lado del río o en un hotel .... que contribuye a proteger el medio ambiente porque utiliza la energía ....

Además, puedes degustar la .... local, variada y llena de fantásticos postres, hacer .... en bicicleta y respirar aire puro sin .... Si prefieres actividades más culturales, la ciudad está muy cerca y te ofrece numerosas .... de pintores contemporáneos y .... de películas tanto antiguas como modernas.

TIPOS DE TURISMO

3 Relaciona el tipo de turismo con su actividad principal y añade otra.

		otra actividad
1. De sol y playa	a. Recibir tratamientos medicinales.	....
2. Ecoturismo	b Tomar el sol.	....
3. Espacial	c. Recorrer bosques y bañarse en las lagunas.	....
4. Gastronómico	d. Viajar en una nave con otros pasajeros.	....
5. Cultural	e. Disfrutar del patrimonio histórico de una ciudad.	....
6. De salud	f. Degustar la cocina tradicional.	....
7. Deportivo y de aventura	g. Sentir el riesgo y la emoción con un deporte de aventura.	....
8. De ayuda humanitaria	h. Alojarte en un espacio rural.	....
9. Rural	i. Ser solidario con un proyecto específico en una zona marginal.	....

EL AEROPUERTO

4 Relaciona las columnas y forma expresiones adecuadas.

1. Facturar	a. exceso de equipaje
2. Cancelar	b. la puerta de embarque
3. Anular	c. el equipaje
4. Hacer	d. el vuelo
5. Aterrizar	e. el billete
6. Ir a	f. una escala
7. Tener	g. una maleta
8. Extraviar	h. el avión

1	
2	
3	
4	
5	
6	
7	
8	

¿QUÉ ES UN VIAJE?

5 Indica si los siguientes pares de palabras son sinónimos (S) o antónimos (A).

1. Huida/evasión   (............)
2. Riesgo/seguridad   (............)
3. Fascinación/desilusión (............)
4. Curiosidad/interés   (............)
5. Búsqueda/averiguación (............)
6. Conocimiento/ignorancia (............)
7. Despego/distanciamiento (............)
8. Olvido/recuerdo   (............)

EXPRESIONES IDIOMÁTICAS

6 Lee los diálogos y sustituye lo marcado por una de estas expresiones.

- tirar la casa por la ventana
- aburrirse como una ostra
- andar con ojo
- pasarlo en grande
- quedarse con la boca abierta

1.
Parece que se lo *están pasando fenomenal* (..).
Sí, no dejan de reírse.

3.
¿Puedo ir tranquilo?
No, *tienes que estar prevenido* (..) a ver si te van a robar.

2.
¿Le ha tocado la lotería?
¿Por qué lo dices?
Porque *está gastando mucho dinero* (..).

4.
Sí, *no me lo podía creer* (..).
Ayer me contaron una historia increíble.
¡No me digas!

5.
¡Qué rollo! (..). No sé qué hacer.
Pues lee un libro.

Gramática y Funciones

EL IMPERATIVO AFIRMATIVO Y NEGATIVO

1 Escribe el imperativo de estos verbos.

1. ver, tú ....
2. hacer, vosotros ....
3. ir, vosotros ....
4. no comenzar, tú ....
5. salir, tú ....
6. decir, tú ....
7. pensar, vosotros ....
8. pedir, tú ....
9. no arrojar, vosotros ....
10. no estar, tú ....
11. respetar, vosotros ....
12. levantarse, tú ....

2 Sustituye las palabras marcadas por los pronombres de OD y OI.

1. Llama *a tus padres*. ....
2. Compra *productos locales*. ....
3. Danos *el sombrero*. ....
4. Respetad *la flora*. ....
5. Prepara *la mochila a Lucía*. ....
6. No contamines *el agua de los ríos*. ....
7. No hagáis *fuego*. ....
8. Da *la dirección al guía*. ....
9. No pongas *comida a los animales*. ....
10. Busca alojamiento *a tus padres*. ....

EL PRESENTE DE SUBJUNTIVO

3 Escribe el presente de subjuntivo de estos verbos.

1. tomar, ustedes ....
2. llegar, tú ....
3. comenzar, nosotros ....
4. caer, yo ....
5. vencer, usted ....
6. conocer, yo ....
7. sentir, usted ....
8. pensar, ella ....
9. dejar, vosotros ....
10. andar, vosotros ....
11. volver, tú ....
12. pedir, nosotros ....

ACONSEJAR

4 Completa los consejos que dan los internautas a estas personas.

CONSEJOS ECOTURISTAS
1. Cuando (viajar, tú) ...., (informarse) .... de los diferentes aspectos culturales del lugar al que viajas.
2. (Elegir, tú) .... destinos que gestionen adecuadamente los recursos de su entorno.
3. (No elegir, tú) .... para hacer tus recorridos medios que contaminen o impacten mucho en el medio.
4. (Generar, tú) .... menos basura y (no ensuciar, tú) .... los lugares que visites.
5. (Realizar, tú) .... actividades que eduquen ambientalmente.

CONSEJOS ECOTURISTAS

1. (Tener, vosotros) .... en cuenta que para
   disfrutar de una buena oferta turística no siempre
   hace falta irse muy lejos.
2. (Fomentar, vosotros) .... el ahorro de agua
   en vuestros viajes.
3. Cuando (estar, vosotros) .... en otros países,
   (consumir, vosotros) .... productos naturales
   de la zona, así contribuís al sostenimiento
   económico de la zona.
4. Si (visitar, vosotros) .... mercados locales,
   (no comprar, vosotros) .... animales o
   plantas, podéis contribuir a su extinción.
5. (No olvidar, vosotros) .... que los viajes son una buena oportunidad
   de estrechar lazos familiares o de pareja.

PROPONER Y SUGERIR. ACEPTAR O RECHAZAR UNA PROPUESTA

5 Subraya las expresiones para proponer y sugerir, aceptar o rechazar una propuesta. Después clasifícalas según su estructura.

1. A. ¿Qué te parece si estas vacaciones hacemos un safari por Kenia?
   B. No, lo siento. No me gustan los animales. Prefiero ir a la playa.
2. A. ¿Te parece bien que llamemos a Raúl para invitarle a la fiesta?
   B. Está bien. De acuerdo.
3. A. Ya he terminado. ¿Y si vamos a ver una película? Venga, vamos.
   B. Bueno. Si insistes.
4. A. ¿Te apetece que vayamos a cenar después del trabajo?
   B. Gracias, pero no puedo. Es que tengo que preparar la reunión de mañana.

	infinitivo	indicativo	subjuntivo
1. Proponer y sugerir			
2. Aceptar			
3. Rechazar			

6 Completa estas propuestas y reacciona aceptando o rechazando.

1. A. ¿Te apetece que ....?
   B. ....
2. A. ¿Qué te parece si ....?
   B. ....
3. A. ¿Te parece que ....?
   B. ....

EXPRESAR ABURRIMIENTO Y DIVERSIÓN

7 Observa las imágenes y completa las frases según tu experiencia personal.

1.

- Me aburro cuando ....
  ....
- Es divertido ....
  ....

2.

- Estoy harto de que ....
  ....
- Es divertido que ....
  ....

3.

- Estoy aburrido de ....
  ....
- Me lo paso fenomenal cuando ....
  ....

4.

- Me aburre que ....
  ....
- Me divierto cuando ....
  ....

8 Selecciona la forma verbal adecuada.

1. Estoy aburrido de *ver/veamos* siempre lo mismo.
2. Me divierto cuando *viajo/viaje* a mis ciudades favoritas.
3. Estoy harto de que los hoteles no *admitir/admitan* animales.
4. Les aburre que *hagamos/hacer* siempre las mismas excursiones todos los años.
5. Me río cuando me *cuentan/cuenten* chistes.
6. Es divertido que nos *gusten/gustan* a los tres los mismos lugares.
7. Me lo paso fenomenal cuando *ir/vamos* de acampada.
8. Es divertido *practican/practicar* golf.

PEDIR Y DAR OPINIÓN

9 Lee la información que hay en esta revista y participa con tu opinión.

MÉXICO: Turismo cultural

- visitar ciudades coloniales
- ver museos
- zonas arqueológicas prehispánicas
- fiestas, danzas y música

1. En mi opinión ....
....
2. No creo que ....
....

CHILE: Turismo de aventura

- hacer excursiones
- circuitos de montañismo
- practicar deportes de nieve: esquí
- practicar deportes acuáticos: buceo, kayak, regatas, *rafting*, surf

1. Me parece que ....
....
2. No pienso que ....
....

COLOMBIA: Turismo de ayuda humanitaria

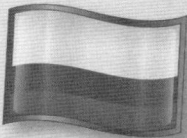

- alfabetizar a niños
- ayudar a construir casas y escuelas
- enseñar técnicas de cultivo
- fomentar y conservar la cultura local

1. Desde mi punto de vista ....
....
2. No me parece que ....
....

EL CONDICIONAL SIMPLE. VERBOS REGULARES

10 Escribe el condicional simple de estos verbos.

1. comenzar, tú ....
2. ver, yo ....
3. ser, nosotros ....
4. esperar, él ....
5. conocer, vosotros ....
6. hablar, él ....
7. leer, ellos ....
8. dormir, nosotros ....
9. pasar, tú ....
10. amar, usted ....
11. viajar, ustedes ....
12. ir, ella ....
13. distinguir, él ....
14. comer, vosotros ....

11 Completa las frases con el condicional simple.

1. (Encantar, a mí) .... ir contigo, pero no puedo.
2. ¿(Apetecer, a vosotros) .... hacer un crucero?
3. (Gustar, a nosotros) .... estos asientos.
4. (Desear, yo) .... comprarlo.
5. (Apetecer, a mí) .... otras vacaciones.
6. ¿(Gustar, a ti) .... ir?
7. (Encantar, a ellos) .... tener dos meses de vacaciones.
8. (Gustar, a vosotros) .... anular el billete.

EXPRESAR DESEOS CON INFINITIVO, INDICATIVO Y SUBJUNTIVO

12 Completa las frases con uno de estos verbos en la forma correcta.

> • cancelarse • viajar • tener • conocer
> • despegar • tomar • salir • volver

1. Espero .... el próximo puente a Sevilla.
2. Quiero que vosotros .... a mi familia.
3. Que .... un buen viaje.
4. ¿Le apetece .... otro refrescco?
5. A ver si .... el avión a tiempo.
6. Me encantaría .... aquí otra vez.
7. Ojalá no .... el vuelo.
8. Tenemos ganas de que .... el avión.

13 Expresa un deseo para estas personas.

1. ....   2. ....   3. ....   4. ....

LOS VERBOS CON PREPOSICIÓN

14 a. Indica si los siguientes pares de palabras son sinónimos (S) o antónimos (A).

1. Atraer a/repeler a   [.............]
2. Situarse en/ubicar en   [.............]
3. Proceder de/descender de   [.............]
4. Consistir en/basarse en   [.............]
5. Constar de/componerse de   [.............]
6. Contar con/prescindir de   [.............]
7. Distinguirse de/parecerse a   [.............]
8. Destacar por/en/sobresale en/por   [.............]
9. Residir en/habitar en   [.............]

b. Completa con los verbos anteriores.

1. Este lugar es paradisíaco. .... muchas personas durante todo el año.
2. La mayoría de la población .... lujosas urbanizaciones.
3. Algunas personas .... su generosidad.
4. Galicia está .... el norte de España.
5. Los españoles .... sus vecinos, los portugueses, en el idioma.
6. El presidente .... el apoyo de la mayoría de los habitantes.
7. La presentación .... tres partes.
8. Estas tarifas .... la misma agencia de viajes.
9. Las guías turísticas .... datos de la zona.

Aconsejar (I)

- *No arrojes residuos.*
- *Si haces actividades turísticas, sé respetuoso con la naturaleza.*
- *Cuando estés en estos parajes, infórmate sobre ellos.*

Proponer y sugerir

- *¿Qué te parece si visitamos ese parque natural/visitar ese bosque?*
- *¿Te parece bien probar la gastronomía local/que hagamos senderismo?*
- *¿Te apetece que hagamos una visita guiada?*
- *¿Y si vamos este año al desierto?*

Aceptar una propuesta

- *Pues sí.*
- *Perfecto/Buena idea.*
- *Vale, podemos quedar.*
- *Está bien. De acuerdo.*
- *Bueno, si insistes.*

Rechazar

- *No, no, muchas gracias.*
- *Es que no puedo.*
- *No, lo siento. Prefiero quedarme en casa.*
- *Pues/Bueno, es que no me va bien.*
- *Pues no, no puedo, lo siento.*

Expresar aburrimiento y hartazgo

- *¡Qué rollo!/Me aburro.*
- *Me aburre visitar museos.*
- *Le aburre que siempre vayamos al mismo lugar.*
- *Estoy aburrido/harto/de estar en la misma playa/de que los museos sean caros/de que tomemos el sol en la misma playa.*

Expresar diversión

- *Me río/divierto mucho cuando viajo/en los viajes.*
- *(Me) lo paso estupendamente viajando.*
- *Es divertido viajar en grupo/que viajes conmigo.*

Dar una opinión

- *En mi opinión el turismo rural es el mejor.*
- *Desde mi punto de vista es mejor el crucero.*
- *Me parece que hay que hacer más turismo interior.*
- *Pienso qué viaje es más divertido.*
- *No creo/pienso/me parece que los viajes culturales sean aburridos.*

Pedir opinión

- *¿Qué piensas del turismo de sol y playa/de que haya que pagar en los museos?*
- *¿Te parece que el turismo rural es barato?*
- *El turismo rural es el mejor. ¿Qué crees?*
- *¿A ti qué te parece el turismo termal?*
- *Desde tu punto de vista, ¿qué tipo de turismo es ideal?*
- *Según tú, ¿qué turismo es interesante?*

Preguntar por deseos

- *¿Cuál es tu sueño?*
- *¿Qué sueños tienes?*
- *¿Tienes ganas de hacer un safari?*
- *¿Dónde tienes ganas de ir?*
- *¿Qué viaje quieres/te apetece hacer?*
- *¿Te gustaría/Te apetecería viajar en primera?*
- *¿Qué quieres que hagamos?*
- *¿Quieres que facturemos el equipaje?*
- *¿Te apetece que vayamos al sur?*

Expresar deseos

- *Quiero un viaje organizado.*
- *Sueño con/Me apetece un viaje en primera clase.*
- *Tengo ganas de/Sueño con viajar a Pekín.*
- *Quiero/Espero tener más tiempo libre.*
- *Espero/Me apetecería/encantaría salir más.*
- *Mi sueño es viajar más.*
- *¡A ver si viajo más!*
- *Tengo ganas de/Quiero/Espero/Mi sueño es que mi familia me visite.*
- *Sueño con que todo salga bien.*
- *Ojalá (que) el viaje sea divertido.*
- *¡Que tengas un buen viaje!*

Negar algo
- *No, no es así.*
- *No es cierto/verdad.*
- *Está claro que no.*
- *¡Ni hablar!*
- *¡Qué va!*

Afirmar algo
- *¡Por supuesto!*
- *Ya/Ya lo creo.*

- *Es cierto/verdad.*
- *Claro que sí.*
- *Pues claro.*

Mostrar escepticismo
- *Bueno, depende.*
- *Pues... supongo...*
- *¿Tú crees?*
- *(No) dudo que...*

AHORA YA CONOCES

Factores del sector turístico
Productos: *artesanía, gastronomía.*
Actividades: *senderismo, turismo ecuestre, excursiones en bicicleta, motocross, golf.*
Impacto: *turismo masivo, erosión del suelo, fauna silvestre, contaminación atmosférica y acústica, gasto desmesurado de agua, envoltorios y recipientes.*
Hospedaje: *hoteles rurales, camping.*
Centros de interpretación: *visitas y rutas guiadas, exposición permanente, proyección de audiovisuales.*
Ecosistemas: *zonas desérticas, bosques, selvas.*
Recursos: *agua, energía solar.*
Espacio natural: *parque nacional, parque natural, reservas naturales, parajes.*

Tipos de turismo
- *rural, cultural, salud, espacial, ecoturismo, cruceros, ayuda humanitaria, gastronómico, deportivo y de aventura, sol y playa.*

El aeropuerto
- *sacar/anular un billete, facturar/extraviar las maletas, llevar las maletas/exceso de equipaje, cancelar un vuelo, hacer escala, recoger las maletas, anunciar un vuelo, entregar la tarjeta de embarque, retrasar un vuelo, aterrizar/despegar un avión, ir a la terminal/al punto de información/a la puerta de embarque, salir de la sala de llegadas.*

¿Qué es un viaje?
- *huida, conocimiento, escape, recuerdo, olvido, curiosidad, búsqueda, fascinación.*

Aspectos para conocer un país
- *situación geográfica, flora y fauna, literatura, festivales, gastronomía, educación, turismo, historia, música, política, tradiciones, medios de comunicación, economía, clima, población.*

Verbos con preposición
- *atraer a, situarse en, proceder de, consistir en, constar de, contar con, distinguirse de, destacar por/en, residir en.*

Expresiones idiomáticas
- *tirar la casa por la ventana, pasárselo en grande, quedarse con la boca abierta, andar con ojo, aburrirse como una ostra.*

Día del Trabajo

Léxico

DESEMPLEO Y BÚSQUEDA DE TRABAJO

1 Completa las frases con un sinónimo de la palabra que está entre paréntesis.

1. (Resaltar) D .... habilidades.
2. Causar una buena (sensación, efecto) i...............................
3. (Hallar) E............................... un trabajo.
4. (Escribir) R............................... una carta de presentación.
5. (Manifestar) M............................... interés.
6. Presentar el (datos personales y experiencia laboral) c...............................
7. (Hacer) R............................... una entrevista.
8. (Rubricar) F............................... un contrato.
9. Contratar a un (empleado) t...............................
10. Mantener una (preparación) f............................... actualizada.
11. (Intervenir) P............................... en un (una fase) p............................... de selección.
12. Tener una (conducta) a............................... positiva.
13. (Conservar) M............................... (relación) c............................... con la empresa.
14. Buscar en los diferentes (medios) f............................... de trabajo.

ACTIVIDAD LABORAL

2 Completa estas definiciones con uno de los siguientes términos.

> - horario   • oficio   • teletrabajo   • trato   • publicidad   • guardería
>   • productividad   • absentismo   • servicios   • asequible

1. .... es algo que puede conseguirse o alcanzarse.
2. El .... es el comportamiento bueno o malo hacia una persona física o verbalmente.
3. La .... es el lugar donde se cuida y atiende a los niños de corta edad.
4. El .... es el tiempo en el que se desarrolla habitualmente una acción o se realiza una actividad.
5. El .... es la ocupación habitual.
6. La .... es la capacidad o grado de producción por unidad de trabajo.
7. El .... es la ausencia en el trabajo de forma voluntaria e intencionada.
8. Los .... son las prestaciones y beneficios que ofrecen algunas empresas a sus empleados.
9. La .... es la divulgación de noticias o anuncios de carácter comercial para atraer a posibles compradores, espectadores, usuarios, etc.
10. El .... es el que se realiza desde un lugar fuera de la empresa utilizando las redes de telecomunicación para cumplir con las cargas laborales asignadas.

FACTORES LABORALES. ENTREVISTA DE SELECCIÓN DE PERSONAL

3 Selecciona la palabra adecuada según el contexto.

1. Prefiero trabajar en una empresa *grande/pequeña* porque soy muy tímido y me gusta estar en familia, por eso, mi forma de trabajar ideal es *individual/en equipo*.
2. Soy muy sociable, mi empleo favorito es *cambiante/tranquilo*, con horario *fijo/flexible* porque tengo hijos y en una empresa *grande/mediana* donde haya mucha gente y, sobre todo, *privada/pública* porque es más objetiva a la hora de contratar al personal.
3. Para trabajar bien es importante que los compañeros y el espacio, es decir, el *ambiente laboral/negocio*, sea agradable.
4. Mis *aficiones/empleos* anteriores fueron en empresas *pequeñas/medianas*, solo éramos el jefe y yo, se trabajaba bien, pero ganaba muy poco, el salario *mínimo/medio*.
5. Mi *personalidad/formación* es continua, hago dos cursos al año y siempre estoy aprendiendo todo lo relacionado con mi área.

PROFESIONES Y ACCIONES

4 Escribe las profesiones que relacionas con estas acciones.

1. componer ....
2. esculpir ....
3. operar ....
4. organizar ....
5. dirigir ....

6. cuidar ....
7. pensar ....
8. investigar ....
9. crear ....
10. anunciar ....

5 Relaciona cada personaje con su nombre y di qué profesión tienen. Después describe qué hacen.

> • Ortega y Gasset • Montserrat Caballé • Pedro Duque
> • Gustavo Dudamel • Fernando Botero • Ferrán Adrià

1. ....
....

2. ....
....

3. ....
....

4. ....
....

5. ....
....

6. ....
....

CARACTERÍSTICAS DE UN TRABAJADOR

6 Relaciona la acción con la característica que mejor la define. Después, selecciona un sinónimo del cuadro para cada característica.

• cuidadoso	• reservado	• aislado	• estudioso	• comunicativo
• silencioso	• imaginativo	• exacto	• meticuloso	• nervioso

Acción	Característica	Sinónimos
1. crear	a. extravertido	1. ....
2. pensar	b. detallista	2. ....
3. observar	c. minucioso	3. ....
4. imaginar	d. perfeccionista	4. ....
5. controlar	e. introvertido	5. ....
6. aislarse	f. solitario	6. ....
7. inventar	g. callado	7. ....
8. reflexionar	h. inquieto	8. ....
9. comunicar	i. intelectual	9. ....
10. ordenar	j. creativo	10. ....

7 Completa con el vocabulario anterior según tu información personal.

1. Con mi familia soy .... y con mis amigos soy ....
2. En mi trabajo o centro de estudios soy ....
3. Normalmente con mis amigos soy ....
4. Mi mejor amigo es ....
5. La característica/acción que más valoro es .... porque ....
6. La característica/acción que menos valoro es .... porque ....
7. Me gustaría ser más .... y menos ....

EXPRESIONES IDIOMÁTICAS

8 Selecciona el significado correcto de cada expresión.

1. No quiero trabajar con él porque los dos *somos de armas tomar* y no podemos llegar a un acuerdo.
   a. nos gustan las armas
   b. tenemos carácter inflexible
   c. somos nerviosos

2. No le cuentes tus problemas si no quieres que se sepan porque *es un bocazas.*
   a. es discreto
   b. tiene la boca grande
   c. habla demasiado

3. *Es un trepa*, solo le importa ascender aunque tenga que hacer daño a otros.
   a. es ambicioso
   b. es trabajador
   c. le preocupan los demás

4. Solo tiene que escribir una carta y ya está agobiado, el pobre *se ahoga en un vaso de agua.*
   a. no sabe nadar
   b. se preocupa mucho
   c. se preocupa poco

5. Juan *es un pelota*, siempre está agradando a la gente para conseguir algo.
   a. complace a los demás en su propio beneficio
   b. es sociable con todos
   c. le gusta el deporte

Gramática y Funciones

EL CONDICIONAL SIMPLE. VERBOS IRREGULARES

1 Escribe la persona que indican estos verbos y su infinitivo.

	persona	infinitivo
1. vendría	....	....
2. querrías	....	....
3. sabríais	....	....
4. pondrían	....	....
5. haríamos	....	....
6. valdría	....	....
7. habría	....	....
8. saldrías	....	....
9. cabría	....	....
10. dirían	....	....
11. tendrías	....	....
12. podríais	....	....

2 Sigue la serie con las formas que faltan a partir de la persona que te damos.

1. tendría (él) ....
2. sabríamos, ...
3. harías, ...
4. podríamos, ...
5. diría (yo), ...
6. saldrías, ...
7. cabríais, ...
8. querría (él), ...

EL PRESENTE DE SUBJUNTIVO

3 Escribe la forma correcta del subjuntivo o del indicativo de las siguientes formas verbales como en el modelo.

1. das .... *des*	11. dé ....
2. vayamos	12. oigas ....
3. eres	13. pienso ....
4. salís	14. distribuimos ....
5. quepo	15. decís ....
6. valen	16. vuelvas ....
7. haces	17. pongan ....
8. conocemos	18. tiene ....
9. elijáis	19. escoge ....
10. vienen	20. dormimos ....

ACONSEJAR (II)

4 Lee lo que escribe esta persona y completa los consejos que le dan con la forma verbal adecuada.

> Me siento inútil en el trabajo porque todo lo que hago le parece mal a mi jefe, siempre discute conmigo y, si yo no soy la responsable, no me pide perdón. Él es muy nervioso y me manda muchas cosas a la vez, habla muy rápido, no se expresa bien y no lo entiendo.
>
> Mis compañeros son unos pelotas y el jefe está contento con ellos, casi no trabajan y tengo que hacer sus trabajos y además me han cambiado varias veces el horario para beneficiarles a ellos. Tengo dos hijos y no me puedo ir de esta empresa. Lo peor es que ahora tengo miedo al trabajo, no me siento segura, pienso que no lo voy a saber hacer y que todo me va a ir mal. Estoy desesperada. ¡Ayuda!
>
> Desesperado

Consejos

1. Tendrías que (hablar) .... con tu jefe tranquilamente.
2. Deberías (ir) .... a un profesional para ganar seguridad y autoconfianza.
3. Yo que tú (salir) .... con los compañeros de trabajo y (tener) .... mejor relación con ellos para evitar hacer su trabajo.
4. Lo mejor es que (buscar, tú) .... otro empleo y (irse, tú) .... de esa empresa.
5. Es imprescindible que (ser, tú) .... positiva.
6. Te recomiendo que (hacer, tú) .... yoga y que (tranquilizarse) ....
7. Procura que tus hijos no (ver) .... que te sientes mal.
8. Yo en tu lugar (hablar) .... con un abogado.

5 Ahora da tú consejos según el siguiente texto. Usa las estructuras que conoces.

🅮   🔍   Compartir   Informar sobre mal uso   Siguiente blog»   Crear un blog   Acceder

FORO

Trabajo en una empresa familiar, los jefes son un matrimonio y mi jefa directa es su hija, tiene un carácter muy fuerte, si hago algo que no le gusta, me grita y me humilla. Tengo miedo de hacer las cosas porque sé que me va a gritar aunque haga bien el trabajo. No puedo soportar más este trabajo, estoy buscando otro, pero mientras no encuentre nada, tengo que estar aquí. Está afectando a mi salud, tengo problemas de estómago, y a mi vida familiar, pues siempre llego a casa triste y deprimido y solo quiero estar en mi habitación. ¿Qué hago? ¿Algún consejo? Gracias.

1. ....
2. ....
3. ....
4. ....

6 Según los textos anteriores, marca si son verdaderas o falsas estas afirmaciones.

Problema 1:

	V	F
1. El jefe es muy inquieto.	☐	☐
2. La trabajadora tiene una actitud positiva.	☐	☐
3. El jefe discrimina a la trabajadora.	☐	☐
4. Sus compañeros la ayudan.	☐	☐

Problema 2:

1. La jefa es de armas tomar.	☐	☐
2. La empresa es grande y pública.	☐	☐
3. El trabajador va contento al trabajo.	☐	☐
4. El trabajo perjudica su estado físico.	☐	☐

EXPRESAR SORPRESA Y EXTRAÑEZA

7 Completa los comentarios sobre estos curiosos trabajos. Después escribe tus comentarios con una de estas estructuras.

- Me sorprende/extraña (que)
- Es increíble/raro/extraño (que)
- ¡Qué raro/extraño (que)!
- ¡Qué sorpresa (que)!

TRABAJOS RAROS

1.

Probador de comida para animales. Muchas empresas de comida para perros y gatos tienen empleados que se dedican a probar los alimentos para estos animales.

- Es increíble que (haber) .... este tipo de trabajos.
- Tú: ....

3.

Cuentacuentos de las buenas noches. Algunos hoteles de lujo cuentan con el servicio de un empleado que se encarga de leer un cuento de buenas noches para dormir sin problemas.

- ¡Qué raro que un hotel (disponer) .... de este tipo de servicios!
- Tú: ....

5.

Diseñadora de vestidos para muñecas y médico de muñecos. Las muñecas son tratadas como humanos: tienen diseñadores que las visten y doctores que reparan las partes dañadas.

2.

Especialista en efectos sonoros. *Tiene que crear sonidos raros golpeando sartenes u otros objetos para producir extrañas vibraciones, dependiendo del tema de la película.*

- Me sorprende que una persona (hacer) .... este tipo de sonidos, pensaba que eran por ordenador.
- Tú: ....

4.

Evaluador de olores (axilas, pies, etc.). Se encarga de evaluar y valorar la eficacia de desodorantes y ambientadores.

- Es extraño que actualmente (existir) .... este trabajo.
- Tú: ....

- Me (sorprender) .... los materiales de algunos vestidos porque son muy caros.
- Tú: ....

EXPRESAR GUSTOS E INTERESES, PREFERENCIAS O INDIFERENCIA

8 Completa el texto con los verbos en la forma correcta.

EMPLEO

¡Haz de tu *hobby* tu trabajo!

A muchos no les (importar) .... el tipo de trabajo que hacen, les da igual que la empresa (estar) .... cerca o lejos de casa, que (ser) .... pública o privada o que (ofrecer) .... cursos de formación, solo les importa (conseguir) .... un salario que les permita vivir, pero a otros les encanta que su afición (convertirse) .... en su trabajo y vivir de ella. Aquí tenemos algunos ejemplos:

- Me (encantar) .... el diseño de moda, sobre todo lo que más me gusta (ser) .... el dibujo. Gracias a mi carácter creativo y emprendedor, tengo mi propia empresa, prefiero (ser) .... yo la jefa porque no me gusta que otros me (imponer) .... horarios. Realizo ilustraciones para empresas conocidas, pero me gusta más (tener) .... mi propia marca y este año lo he conseguido. Ilustro vajillas, libretas y voy a sacar una línea de cojines. Me gusta que a la gente le (interesar) .... mis trabajos. Además, tengo un blog de moda porque me encanta (compartir) .... mis ideas con los demás, me gusta que ellos (tener) .... un espacio para darme sus comentarios y sugerencias, no me importa que otros (criticar) .... mi trabajo porque incluso las opiniones negativas ayudan a mejorar.

- Me interesa (transmitir) .... a los lectores de mi web la idea de que es importante disfrutar del trabajo. No me importa (ganar) .... menos si soy feliz con lo que hago, prefiero que las horas que estoy trabajando (ser) .... de calidad. Me gusta que mi socio y yo (tratar) .... de ayudar a otros negocios, profesionales y a cualquier persona a adaptarse a las nuevas oportunidades que ofrece Internet para que se beneficien de ellas. Lo que más me (gustar) .... es transmitir a los demás la idea de convertir el trabajo en un *hobby*.

9 Subraya en el texto anterior las estructuras para expresar gustos, preferencias, intereses e indiferencia y reacciona.

1. Compañeros de trabajo/clase ....
2. Compañeros de piso ....
3. Vecinos ....
4. Lugar de vacaciones ....
5. Horario laboral ....
6. Proceso de selección ....
7. Entrevista de trabajo ....

EXPRESAR AVERSIÓN

10 Selecciona la forma correcta.

1. Me molesta que el horario no *sea/ser* flexible.
2. Odia *trabajar/trabaje* los sábados.
3. Me *molesta/molestan* que los procesos de selección *sean/son* subjetivos.
4. Odio que la empresa no *ofrece/ofrezca* servicios a los empleados.
5. Me molesta *tener/tenga* compañeros trepas en el trabajo.
6. No soportamos *trabajar/trabajemos* en equipo, preferimos el trabajo individual.
7. Le *molesta/molestan* los horarios fijos y también le molesta que en su empresa no *haya/haber* ayudas para trabajadores con hijos.
8. No soporto que las empresas privadas *se aprovechen/aprovecharse* de los empleados.

11 Reacciona expresando aversión sobre estos lugares o sobre lo que hacen estas personas.

• no soporto (que)	• odio (que)	• me molesta (que)

1. Un compañero de clase/trabajo ....
2. Un amigo ....
3. Un jefe ....
4. Tu centro de trabajo ....
5. El cine ....
6. Las entrevistas de trabajo ....
7. Un parque cerca de tu casa ....

LOS VERBOS DE CAMBIO

12 Selecciona el verbo adecuado y explica por qué.

1. Hizo mal el trabajo y *se puso/se volvió* rojo de vergüenza.
   ....

2. *Se puso/Se quedó* sorprendido cuando su jefe lo felicitó.
   ....

3. Desde que está en esa empresa *se ha vuelto/se ha quedado* más creativo.
   ....

4. Empezó como secretaria y *se hizo/se convirtió* en la jefa de sección.
   ....

5. Crearon una empresa y *se han vuelto/se han hecho* ricos.
   ....

6. Trabajó tanto que *llegó a ser/se volvió* la primera presidenta de esa empresa.
   ....

7. Su padre era abogado, por eso él *se ha quedado/se ha hecho* abogado.
   ....

8. Por el estrés en el trabajo, *se volvió/se quedó* calvo y *se volvió/se puso* más introvertido.
   ....

13 Observa estas imágenes y escribe un texto indicando los cambios que se han producido en esta persona.

....
....

Aconsejar (II)

- *Podría buscar en foros.*
- *Tendría que ser sincero.*
- *Debería cuidar su imagen.*
- *¿Y si prepara las respuestas a las posibles preguntas de la entrevista?*
- *Lo mejor es preparar la entrevista/que se prepare la entrevista.*
- *Lo mejor sería informarse antes de la empresa.*
- *Yo/Yo que usted/Yo en su lugar buscaría en Internet.*
- *Intente mantener contacto con la empresa.*
- *Procure que haya comunicación con la empresa después de la entrevista.*
- *Es imprescindible saber idiomas/que sepa hablar idiomas.*
- *Le aconsejo no llegar tarde.*
- *Le recomiendo que no se agobie.*

Expresar sorpresa y extrañeza

- *Me sorprende/extraña esta noticia/leer estas noticias/que haya gimnasio.*
- *Es increíble/raro/extraño tener tu propio negocio/ese proceso de selección/que haya guardería en la empresa.*
- *¡Qué raro/extraño que la gente dé información personal!*
- *¡Qué sorpresa!*
- *¡No me lo puedo creer!*
- *¿De verdad? ¿En serio? ¿Ah sí?*

Preguntar por preferencias

- *¿Qué es lo que más/menos le gusta de su trabajo?*
- *¿Con quién prefiere/le gusta más/le interesa más trabajar con hombres o mujeres?*
- *¿Prefiere/le interesa más/le gusta más trabajar por la mañana o por la tarde?*
- *¿Prefiere que otro compañero sea el líder?*

Expresar preferencias

- *Prefiero el horario de mañana/trabajar por la tarde/que otro sea el líder.*
- *Me interesa/Me gusta más que la empresa esté en el centro de la ciudad.*

- *Lo que más/menos me gusta es/son el horario/los compañeros.*
- *El trabajo que más/menos me gusta/interesa es el de responsable de ventas.*

Preguntar por gustos e intereses

- *¿Qué le parece esta empresa?*
- *¿Qué le parecen sus compañeros?*
- *¿Le gusta que el horario sea continuo?*

Expresar gustos e intereses

- *Me gusta/encanta/interesa que el trabajo sea creativo.*

Expresar indiferencia o ausencia de preferencia

- *No me importa el horario/trabajar solo/que el sueldo sea bajo.*
- *Me da igual.*

Expresar aversión

- *Odio que no me escuchen.*
- *No soporto los espacios cerrados/trabajar solo/que la oficina sea pequeña.*
- *Me molesta llamar por teléfono/la oficina desordenada/que el jefe no valore mi trabajo.*
- *¡Qué horror!*

Destacar algo en una conversación

- *Quiero subrayar…*
- *Me gustaría enfatizar…*
- *Quiero que quede claro…*
- *Conviene destacar…*
- *Conviene prestar atención…*
- *Hay que poner más énfasis…*
- *Hay que insistir en…*
- *Toma nota de…*

Quitarle importancia a algo en la conversación

- *No vale la pena.*
- *No pasa nada.*
- *No tiene importancia.*
- *No importa.*
- *Da igual.*
- *Da lo mismo.*
- *No hay que darle tanta importancia.*
- *Eres un exagerado.*

Hablar de cambios personales

- *Me he vuelto más abierto.*
- *Se ha hecho médico.*

<u>Excepción</u>: *Creó su empresa y se hizo rico.*

- *Me quedé sorprendido por sus palabras.*
- *Se puso muy contento cuando recibió la noticia.*
- *Me puse rojo cuando me dieron el premio.*
- *Tras mucho trabajo, llegó a ser empresario.*
- *Primero fue mi compañero de trabajo, pero se convirtió en mi mejor amigo.*

AHORA YA CONOCES

Desempleo y búsqueda de trabajo

- *destacar habilidades, causar buena impresión, buscar/encontrar un empleo/ un puesto, redactar el currículum/una carta de presentación, mostrar interés, presentar el currículum, realizar una entrevista, firmar un contrato, contratar a un trabajador, mantener una formación actualizada, participar en un proceso de selección.*
- *currículum, candidaturas, fuentes de trabajo, entrevista personal, formación actualizada, proceso de selección, cultura empresarial, comunicación con la empresa, actitud positiva.*

Actividad laboral

- *horario, oficio, teletrabajo, trato, publicidad, guardería, ingreso, productividad, absentismo, servicios, asequible.*

Factores laborales. Entrevista de selección de personal

- *personalidad, formación, aficiones, empleos anteriores, empresa, negocio, trabajo, ambiente laboral, salario, previsible, mínimo, grande, seguro, fijo, mediana, individual,*

tranquilo, flexible, cambiante, pequeño, medio, agradable, privado, público, en equipo, imprevisible, cómodo.

Profesiones y acciones

- *escultor, ingeniero, informático, publicista, responsable de ventas, jardinero, canguro, jefe de RR.HH., organizador de eventos, dependiente, filósofo, cirujano, biólogo, fotógrafo, poeta, astronauta, compositor, conductor, carpintero, chef, piloto.*
- *crear, concentrarse, pensar, observar, imaginar, controlar, aislarse, meditar, reflexionar, comunicar, ordenar, inventar.*

Características de un trabajador

- *extravertido, detallista, minucioso, perfeccionista, introvertido, solitario, callado, inquieto, intelectual, creativo.*

Expresiones idiomáticas

- *ser un pelota, ser de armas tomar, ser un bocazas, ahogarse en un vaso de agua, ser un trepa.*

Léxico

LA TELEVISIÓN

1 **Relaciona las columnas y forma expresiones adecuadas.**

1. Periódicos	a. interactiva
2. Parrilla	b. sociales
3. Canal	c. privado
4. Televisión	d. digitales
5. Consultas	e. televisiva
6. Redes	f. médicas

1	
2	
3	
4	
5	
6	

2 **Completa las frases con uno de estos verbos en forma adecuada.**

> • acceder a   • realizar   • consultar   • interactuar en   • cambiar   • poner

1. Montse y Rocío .... videoconferencias desde sus trabajos.
2. Voy a .... la cartelera para ver a qué cine vamos esta tarde.
3. Podemos .... videojuegos en la red.
4. ¿Dónde está el mando a distancia? Quiero .... la televisión.
5. Me encanta .... las redes sociales.
6. No me gusta este programa, ¿puedes .... de canal?

EL TELÉFONO

3 **Completa los minidiálogos con los complementos adecuados del cuadro.**

> • al teléfono   • el buzón de voz   • la línea ocupada
> • un mensaje en el contestador   • la extensión   • la batería
> • una tarjeta de teléfono   • el número de teléfono   • la llamada   • sin saldo

1. A. ¿Has escuchado ....?
   B. No. Acabo de llegar a casa.
   A. Te han dejado ....
2. A. ¿Marco .... y ya está?
   B. No, no. Tienes que pedir .... 202.
3. A. ¿Dónde vas?
   B. Voy a comprar ...., que me he quedado ....
4. A. ¿Te pones .... o desvío ....?
   B. No, espera que ya voy.
5. A. ¿No contestan?
   B. No, es que está ....
6. A. ¿Puedo cargar .... del móvil en el coche?
   B. Sí, pero lleva tu cargador que yo no tengo.

LA RADIO

4 Sustituye las palabras marcadas por uno de estos sinónimos.

• presentador • conectar • anuncio • retransmitir • extensión • estación

1. *Sintonizar* una frecuencia. ....
2. *Emitir* un programa. ....
3. Grabar *una cuña publicitaria*. ....
4. Buscar una *emisora*. ....
5. Hablar el *locutor*. ....
6. *Cobertura* total. ....

INTERNET

5 Completa los párrafos con las palabras y expresiones de la lista.

1. incitación a la violencia
2. violación del derecho a la intimidad
3. discriminación
4. amenazados

5. delito
6. contenidos polémicos
7. libertad de expresión

NOTICIAS DE INTERNET

1. La .... es un .... que consiste en el apoderamiento de papeles, cartas, mensajes de correo electrónico o cualquier otro documento o efectos personales, con intención de descubrir secretos o vulnerar su intimidad, sin que medie en consentimiento del afectado.

2. El derecho a la .... es uno de los derechos más ...., tanto por gobiernos represores que quieren impedir cambios como por personas individuales que quieren imponer su ideología o valores personales, callando los otros.

3. Los temas relacionados con la .... racial son .... que están prohibidos en la televisión española.

4. Algunas personas consiguen sus objetivos con insultos e ....

LAS TELECOMUNICACIONES

6 Relaciona estos adjetivos con su opuesto.

1. fiable
2. objetivo
3. audiovisual
4. oficial
5. móvil

a. radiofónico
b. extraoficial
c. deformado
d. estático
e. subjetivo

1	
2	
3	
4	
5	

7 Define estas acciones con tus propias palabras.

1. Controlar ....
2. Difundir ....
3. Comunicar ....
4. Redactar ....
5. Anunciar ....
6. Entregar ....
7. Denunciar ....
8. Manipular ....

8 Lee la siguiente definición de *televisión* y selecciona la opción correcta.

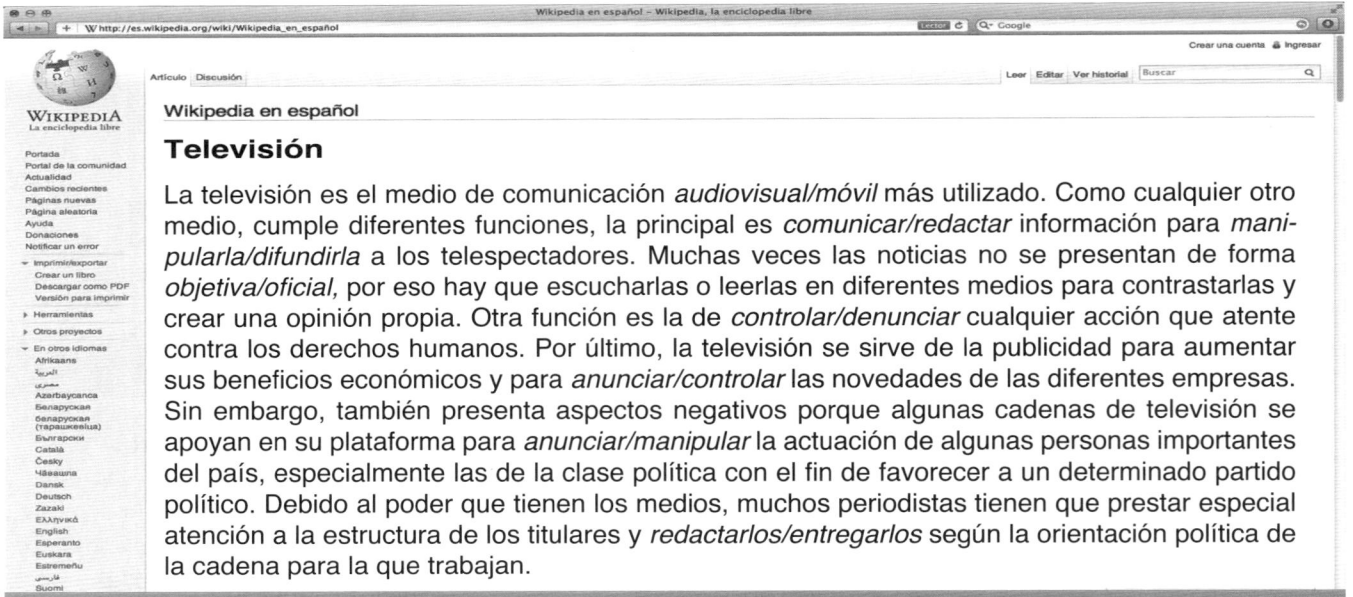

WIKIPEDIA
La enciclopedia libre

Wikipedia en español

Televisión

La televisión es el medio de comunicación *audiovisual/móvil* más utilizado. Como cualquier otro medio, cumple diferentes funciones, la principal es *comunicar/redactar* información para *manipularla/difundirla* a los telespectadores. Muchas veces las noticias no se presentan de forma *objetiva/oficial,* por eso hay que escucharlas o leerlas en diferentes medios para contrastarlas y crear una opinión propia. Otra función es la de *controlar/denunciar* cualquier acción que atente contra los derechos humanos. Por último, la televisión se sirve de la publicidad para aumentar sus beneficios económicos y para *anunciar/controlar* las novedades de las diferentes empresas. Sin embargo, también presenta aspectos negativos porque algunas cadenas de televisión se apoyan en su plataforma para *anunciar/manipular* la actuación de algunas personas importantes del país, especialmente las de la clase política con el fin de favorecer a un determinado partido político. Debido al poder que tienen los medios, muchos periodistas tienen que prestar especial atención a la estructura de los titulares y *redactarlos/entregarlos* según la orientación política de la cadena para la que trabajan.

9 Completa estas definiciones con la palabra adecuada.

• editorial • audiencia • reportaje • artículo • suplemento dominical

1. La .... se refiere al público que recibe mensajes a través de la televisión o radio.
2. Un .... es un texto que presenta la postura personal de un periodista frente a un acontecimiento, un problema actual o de interés general.
3. El .... o nota periodística consiste en la narración de sucesos o noticias que tienen que ser actuales.
4. Un .... consiste en un texto no firmado que explica, valora y juzga un hecho noticioso de especial importancia.
5. El .... recoge información general y se vende los domingos acompañando a un periódico.

EXPRESIONES IDIOMÁTICAS

10 Relaciona las expresiones marcadas con su significado.

1. *Se pasó tres pueblos*, no debía haberlo dicho.   a. es evidente
2. Este problema hay que *cortarlo de raíz*.   b. se excedió
3. Se dio cuenta del error, pero *hizo la vista gorda*.   c. zanjarlo
4. Pero ¿no lo ves?, *está más claro que el agua*.   d. lo pasó por alto

Gramática y Funciones

EL FUTURO IMPERFECTO. VERBOS REGULARES

1 Escribe el futuro imperfecto de estos verbos.

1. dejar, yo ....
2. ofrecer, él ....
3. permitir, nosotros ....
4. estar, usted ....
5. comer, ustedes ....
6. comprar, tú ....
7. emitir, él ....

8. acceder, nosotros ....
9. consultar, vosotros ....
10. realizar, yo ....
11. ver, nosotros ....
12. sustituir, usted ....
13. usar, tú ....
14. ser, ellos ....

2 Completa con los verbos del cuadro en la forma adecuada del futuro imperfecto.

> • ser • existir • presentarse • ver • demandar
> • transmitir • prohibirse • emprender

1. En el futuro .... la televisión holográfica y la televisión en 3D.
2. El telespectador .... los contenidos televisivos.
3. En unos años .... el usuario el que al final decida utilizar un televisor u otro en función de sus necesidades.
4. .... los anuncios en televisión.
5. El año que viene .... imágenes en directo en tres dimensiones.
6. Grandes empresas .... nuevos avances.
7. La televisión del futuro .... la información por todo el mundo sin importar el idioma, ni los medios.
8. En unos pocos años todos nosotros .... la televisión con lentillas de contacto.

HABLAR DE ACCIONES POSIBLES Y FUTURAS

3 Completa las frases según tu situación personal o familiar.

1. Dentro de unos años ....
2. El próximo año ....
3. En unos años ....
4. La semana que viene ....
5. Luego ....
6. En cinco días ....
7. Más tarde ....
8. Mañana ....

HABLAR DE ACCIONES POSIBLES Y FUTURAS

4 Imagina la vida de estas personas dentro de unos años y escribe un breve párrafo sobre cómo serán.

1.

....

....

....

2.

....

....

....

EL PRESENTE DE SUBJUNTIVO

5 Selecciona las formas verbales en subjuntivo e indica su infinitivo.

> • dirijan • utiliza • tenga • elijo • dé • compitan • comencé • pidamos
> • seáis • vimos • doy • dad • permito • ofrece • toques • decid • digo
> • contribuya • crees • leas • volvamos • podemos • quiera • comience
> • pensemos • oyes • traiga • ve • oigan • haya • vamos • duerme
> • rías • conduzco • esté • están • produzcan • practiqué • jueguen

1. .... 11. ....
2. .... 12. ....
3. .... 13. ....
4. .... 14. ....
5. .... 15. ....
6. .... 16. ....
7. .... 17. ....
8. .... 18. ....
9. .... 19. ....
10. .... 20. ....

EXPRESAR ANTERIORIDAD, POSTERIORIDAD Y DELIMITACIÓN

6 Lee las frases y selecciona la opción correcta.

1. Después de .... la película, iremos a cenar.

   a. veamos   b. ver   c. vea

2. Antes de ...., por favor, escúchame.

   a. hablar   b. hablad   c. hable

3. No vayas hasta que yo te lo ....

   a. digamos   b. diga   c. digo

4. Antes de que te .... cuenta, cambiará el formato televisivo.
     a. demos   b. dar   c. des

5. Después de que .... las noticias, cambia a otra cadena.
     a. terminas   b. terminen   c. terminar

6. Él insistirá hasta que lo ....
     a. hagas   b. haces   c. hacerlo

7. Estudiaremos el caso hasta ....
     a. mejoradlo   b. mejorarlo   c. lo mejoréis

8. Me compraré una televisión de pantalla plana, antes de que ....
     a. se agoten   b. se agotan   c. agotarse

7 **Completa con la forma verbal adecuada.**

1. Tú no la (llamar) .... hasta que ella te lo (decir) ....
2. Ayer ellos (trabajar) .... hasta (terminar) .... el proyecto.
3. Yo siempre me (informar) .... antes de (comprar) .... algo.
4. El otro día nosotros (ir) .... después de (cenar) ....
5. Antes de que tú (hablar) .... por el móvil, lo (utilizar) .... yo.
6. Después de que tú (comprar) .... una televisión en 3D, nosotros lo (creer) ....
7. (Cargar) .... la batería, antes de que (apagarse, a ti) .... el móvil.
8. Mañana vosotros (preguntar, a él) .... qué tal está, antes de (invitar, a él) ....

EXPRESAR ANTERIORIDAD, POSTERIORIDAD Y DELIMITACIÓN

8 **Termina las frases.**

1. Nos conectaremos a Internet antes de que ....
2. Pon la televisión antes de que ....
3. Compraré un móvil después de ....
4. Me cambiaré de compañía telefónica después de que ....
5. Cámbiate a la televisión por cable hasta que ....
6. Estuve con esta compañía hasta ....
7. Envío un correo electrónico antes de ....
8. Elige después de que ....

HABLAR POR TELÉFONO

9 **Escribe cada una de estas expresiones a continuación de la función adecuada.**

- ¿En serio?
- Buenas tardes, quería hablar con Rosa, por favor.
- ¿Te ha pasado algo?
- Oye, espera.
- Pues nada que…
- Bueno, pues nada más, nos llamamos otro día.
- Te oigo fatal, ¿me oyes?
- Muy bien. Espero tu llamada.

1. Preguntar por una persona: ....
2. Solicitar al interlocutor que comience: ....
3. Reaccionar: ....
4. Indicar que se sigue la conversación: ....
5. Controlar la atención del interlocutor: ....
6. Proponer el cierre: ....
7. Aceptar el cierre: ....
8. Introducir un nuevo tema: ....

LOS PRONOMBRES DE RELATIVO

10 **Lee las frases y marca la opción correcta.**

1. No hay nadie *que/quien* escuche la radio a estas horas.
2. Necesito una emisora *quien/que* emita música clásica.
3. A *que/quien* no me felicite no le invito.
4. *Quien/Quienes* escuchan esta frecuencia saben lo que quieren.
5. Busco un locutor *que/quien* sea imparcial.
6. ¿Hay algún programa *quien/que* no sea basura?
7. *Quien/Quienes* llaman a estos programas trabajan por la noche.
8. Quiero un periódico *quien/que* tenga suplemento.

REFERIRSE A PERSONAS Y OBJETOS CONCRETOS (CONOCIDOS O NO)

11 **Completa las frases con el verbo en indicativo o subjuntivo.**

1. Quien (llamar) .... a lo largo de la mañana irá gratis al concierto.
2. No hay nadie que (comprometerse) .... con este tema.
3. Buscamos contertulios que (opinar) .... de deportes acuáticos.
4. Queremos oyentes que (ser) .... divertidos.
5. Conozco al chico que (estudiar) .... Periodismo.
6. ¿Hay algún locutor que (hablar) .... tres idiomas?
7. Las personas que (venir) .... hoy al programa son de Madrid.
8. Quienes (escuchar) .... mi programa piensan como yo.

12 **Completa las frases según tu experiencia u opinión personal.**

1. En mi casa no hay nadie que ....
2. Busco a alguien que ....
3. El programa que ....
4. Escucho canciones que ....
5. Necesito la radio que ....
6. Quien utiliza Internet ....
7. Prefiero un concurso que ....
8. ¿Hay alguien que .... ?

PROPONER SOLUCIONES

13 Busca la solución más adecuada a estas situaciones y escríbela.

1.

Solución: ....
....
....

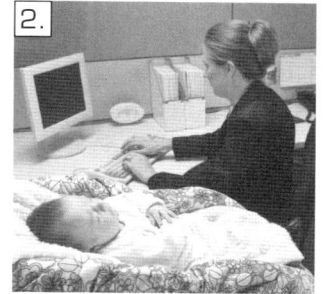

2.

Solución: ....
....
....
....
....
....

3.

Solución: ....
....
....

EXPRESAR SIMULTANEIDAD

14 Completa con un verbo del cuadro en la forma verbal adecuada.

> • utilizar   • leer   • emitir   • enviar   • existir   • ver   • estar   • poner

1. Sé crítico, cuando .... un periódico.
2. Cuando .... la televisión, elegirás un programa adecuado a tus ideales.
3. Cuando no .... el ordenador, desconectadlo.
4. Cuando .... un fax, espera la confirmación.
5. El mundo será diferente cuando .... la libertad de expresión.
6. Cuando .... la televisión, piensa en su alto grado de influencia.
7. Entretente con un medio de comunicación, cuando .... aburrido.
8. Cuando los medios de comunicación .... los anuncios, lo harán en un horario fijado.

15 Completa las frases con la forma adecuada y termínalas según tu criterio personal.

1. Cuando (ver) .... la televisión, ...
2. Cuando (enviar) .... un fax, ...
3. Cuando (escuchar) .... la radio, ...
4. Cuando (leer) ....el periódico, ...
5. Cuando (usar) .... el móvil, ...
6. Cuando (utilizar) .... Internet, ...

Hablar de acciones posibles y futuras
- *¿Qué incorporará la televisión en unos años?*
- *La televisión emitirá contenidos con olor.*

Expresar anterioridad
- *Antes de comprar una TV, miro el precio/ me informaré bien/pregunta por las garantías/miré en varias tiendas.*
- *Antes de que termine el año, la televisión se conectará a Internet/cambia de televisión.*

Expresar posterioridad
- *Después de elegir la televisión, pido más información/pregunta el precio/preguntaré el precio/la compré.*
- *Después de que la televisión se conecte a Internet, la vida del usuario cambiará/ cómprala.*

Expresar delimitación
- *Los técnicos trabajan/trabajarán/ trabajaron hasta conseguir la mejor televisión del mundo.*
- *Investigarán hasta que la televisión ofrezca lo mismo que Internet.*
- *No lo utilices hasta que tengas garantía.*

Preguntar por una persona y responder
- *¿Podría hablar con Manuel, por favor?*
- *Buenas tardes, quería hablar con Rosa, por favor.*
- *Sí, ahora se pone, un momento.*

Solicitar al interlocutor que comience
- *(Oye), ¿qué pasó el sábado?*

Reaccionar
- *Pues bien, fui a un concierto.*

Indicar que se sigue el relato con interés
- *Sí, sí, claro./Sí, ya.*
- *¿De verdad?/¿En serio?*
- *Vaya.*
- *¡Qué bien/horror!/¡No me digas!*

Controlar la atención del interlocutor
- *¿(Me) entiendes, (no)?*
- *Mira/Oye.*
- *¿Eh?/¿No?/¿Sí?/¿Me oyes?*
- *No se oye bien.*
- *¿Se ha cortado?*
- *¿Oiga? ¿Me oye? No se oye nada.*
- *Oye, ¿sigues ahí? No oigo nada.*
- *Te oigo fatal, ¿me oyes?*

Proponer el cierre
- *Bueno, pues nada más.*
- *Perdona/Lo siento, es que tengo prisa.*

Aceptar el cierre
- *Vale, nos vemos/hablamos/nos llamamos otro día.*
- *Bueno/Vale, hasta luego.*

Introducir un nuevo tema
- *Espera...*

Despedirse
- *Adiós.*
- *Hasta luego.*

Referirse a personas y objetos concretos (conocidos o no)
- *Quien participa ahora en el programa es un hombre.*
- *Quien escuche el programa que llame.*
- *La emisora que pone esas canciones es mi favorita.*
- *Quiero la radio que me prometiste.*

Preguntar por la existencia de algo o alguien
- *¿Hay algún oyente que quiera llamarnos?*

Negar la existencia de algo o alguien
- *No hay nadie que tenga mi opinión.*

Proponer soluciones

- *Pienso que la mejor solución es acceder a los contenidos de Internet libremente.*
- *Propongo que no censure nada.*
- *Tienen que revisar los contenidos.*
- *Lo mejor es controlar la información.*
- *Deberíamos prestar atención a las páginas web.*

Pedir aclaraciones

- *¿Dice que la televisión es más tradicional que Internet?*
- *¿Quieres decir que Internet no es un peligro?*

- *No sé si lo he entendido bien, pero en tu opinión, ¿Internet ofrece contenidos de baja calidad?*
- *¿Te importaría aclararme eso/lo de que es necesaria la censura?*
- *¿Te importa volver al tema de la libertad de expresión?*
- *Entonces, ¿qué se puede hacer?*
- *No lo entiendo.*

Expresar simultaneidad

- *Cuando no uses el móvil, desconéctalo.*
- *Cuando haya más canales, la gente accederá a una mayor cantidad de programas.*

AHORA YA CONOCES

La televisión

- *canal público/privado/regional/nacional, televisión por cable/vía satélite/analógica/ digital/interactiva, programación, parrilla televisiva, televisor, dispositivos, aparato.*
- *acceder a canciones/videojuegos/películas, interactuar en redes sociales, consultar periódicos digitales/la cartelera, realizar consultas médicas/videoconferencias.*

Expresiones de tiempo

- *en 2035, dentro de unos años, en unos (pocos) años, en poco tiempo, después, luego, más tarde, mañana, la semana/el año que viene, el próximo año.*

El teléfono

- *escuchar el buzón de voz, dejar un mensaje en el contestador, cargar la batería, comprar una tarjeta de teléfono, marcar un número de teléfono/una extensión, ponerse al teléfono, desviar una llamada, quedarse sin batería y sin saldo.*

La radio

- *sintonizar, onda, accesible, antena, señal, emisora, dinámica, locutor, emitir,*

radioyente, estudio de grabación, grabar, cuña publicitaria, inmediata, frecuencia, cómodo, cobertura, actual, imaginativa.

Internet

- *información, amenaza, comunicación, peligro, negocio, violación de la intimidad, oportunidad, diversidad, delito, influencia, libertad de expresión, contenidos polémicos, incitación a la violencia, accesibilidad, contenidos de baja calidad, discriminación.*

Las telecomunicaciones

- *fiable, objetivo, subjetivo, audiovisual, radiofónico, deformado, (extra)oficial, móvil.*
- *controlar, difundir, comunicar, redactar, anunciar, entregar, denunciar, manipular.*
- *audiencia, reportaje, artículo, editorial, suplemento, opinión, documento, retransmisión, competencia, manipulación.*

Expresiones idiomáticas

- *pasarse de la raya, cortar por lo sano, hacer la vista gorda, saltar a la vista, cortar de raíz, estar más claro que el agua, pasarse tres pueblos, hacer oídos sordos.*

Léxico

EFECTOS DEL CAMBIO CLIMÁTICO

1 Relaciona las palabras con su significado.

1. erupción volcánica
2. deforestación
3. lluvia torrencial
4. huracán
5. plaga
6. sequía
7. inundación
8. recursos
9. hábitat
10. gas

a. Pérdida de plantas en un bosque.
b. Tiempo seco de larga duración.
c. Lugar adecuado donde puede vivir un organismo o especie animal o vegetal.
d. Exceso de agua que puede cubrir un terreno o una población.
e. Aparición masiva de seres vivos de la misma especie que causan daños.
f. Fluido semejante al aire.
g. Expulsión de materias sólidas, líquidas o gaseosas a través de los volcanes.
h. Fuerte caída de agua de las nubes.
i. Conjunto de elementos disponibles para mejorar las condiciones de vida.
j. Viento muy fuerte que gira en grandes círculos.

CONTAMINACIÓN

2 Observa las fotos y completa las frases con sus nombres.

1.

2.

3.

4.

5.

6.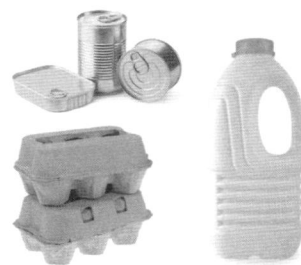

1. El uso excesivo de .... contribuye a la contaminación acústica de las ciudades.
2. Es importante comprar .... de tamaño «familiar» porque generan menos residuos.
3. Los .... controlan algunas plagas, pero también perjudican el medio ambiente.
4. Los sectores de restauración, hostelería y salud son los que más .... utilizan.
5. El .... en la calle, en los bares, etc., puede causar daños en la audición.
6. No es bueno dormir cerca de .... encendidos porque emiten campos magnéticos y radiaciones que pueden afectar a la salud.

3 Lee lo que escribe esta persona y completa sustituyendo las palabras marcadas por uno de estos sinónimos en la forma correcta.

- conservar • ave • desplazamiento • identificar • bosque • realizar
- establecer • investigación • embarcación • difusión • educación
- elaboración • ballena • estudio • encontrar

B 🔍 Compartir Informar sobre mal uso Siguiente blog» Crear un blog Acceder

VOLUNTARIADO AMBIENTAL

Hola, ecointernautas, quiero compartir mi experiencia como voluntario ambiental y el **trabajo** (.................... ....) que **hicimos** (................................) varios compañeros y yo el verano pasado. Cuando llegamos al parque, el responsable **fijó** (...............................) los grupos de trabajo y sus objetivos. Una de las actividades consistió en la **preparación** (...............................) de un catálogo fotográfico de **los pájaros** (...............................) de la zona. Otro grupo **reconoció** (...............................) la flora del lugar. Mi grupo analizó la zona más rocosa del **parque** (...............................) donde **hallamos** (...............................) algunos minerales. Como el resultado final de nuestra **exploración** (...............................) fue útil para el parque natural en el que trabajamos, el gobierno local dio **divulgación** (...............................) a nuestras conclusiones y las publicó en una revista ecológica.

Todavía hay mucha labor por hacer, las instituciones deben crear un plan de **formación** (...............................) ambiental para animar a los jóvenes a **mantener** (...............................) el medio ambiente.

Por último, tengo que decir que no es muy caro hacer este tipo de voluntariado, solo hay que pagar el **traslado** (...............................) hasta el parque y la comida, el alojamiento es gratis.

Comentario: ¡Qué interesante! Yo pasé un verano entero navegando en **barco** (.................. ....) para estudiar la vida de **los cetáceos** (......................). Fue una experiencia inolvidable.

---

4 Completa estos titulares de noticias con una palabra del cuadro en la forma adecuada.

- fauna • derretimiento • atmosférico • desertificación • degradación • daño

1. En las grandes ciudades hay una alta contaminación .... a causa del tráfico y de las industrias.

2. Una mala calidad del aire produce importantes .... en la salud humana.

3. Los incendios provocan una .... vegetal que repercute en la .... del área afectada por la falta de alimento.

4. Las altas temperaturas provocan efectos diversos según las áreas afectadas, por un lado el .... de glaciares y por otro la .... del suelo.

RESIDUOS

5 **a. Marca el objeto que no corresponde en la serie.**

1. botella de plástico, bote de champú, envase de yogur, frasco de perfume.
2. caja de zapatos, cuaderno, folletos, bote de champú.
3. botella de leche, vasos de cristal, periódicos, jarra de agua.

b. De los objetos anteriores, cuáles reutilizas y cómo.

....
....

c. Piensa en un objeto que reutilizas y explica cómo.

....
....

LAS 7 «R» DEL CONSUMIDOR

6 **Relaciona estos verbos con su sinónimo. Después selecciona el antónimo del cuadro.**

> • aceptar • monopolizar • malgastar • conformarse
> • desperdiciar • aumentar • improvisar

Las 7 «R»	sinónimo	antónimo
1. reutilizar	a. negar, alejar	....
2. reducir	b. reutilizar	....
3. rechazar	c. repartir	....
4. reclamar	d. emplear	....
5. reflexionar	e. disminuir	....
6. redistribuir	f. pedir	....
7. reciclar	g. observar, meditar	....

7 **Escribe un párrafo indicando:**

- qué reciclas normalmente.
- qué objetos/envases intentas reducir.
- qué reclamas a los ciudadanos y responsables del medio ambiente.
- qué objetos/productos rechazas porque perjudican el medio ambiente.

....
....
....
....

EXPRESIONES IDIOMÁTICAS

8 **Completa las frases con la expresión adecuada.**

a. está en tus manos	b. cumple a rajatabla	c. escurren el bulto	d. traerán cola

1. Mi familia es muy responsable con el medio ambiente, ... todas las normas de protección medioambiental.
2. Me encanta la naturaleza, por eso, siempre que puedo colaboro en alguna actividad, yo no soy como otros irresponsables que .... y no hacen nada por mejorar su entorno.
3. Proteger el medio ambiente .... porque cada uno puede hacer algo por pequeño que sea.
4. Las malas acciones en el presente .... a las futuras generaciones.

Gramática y Funciones

EL PRESENTE DE SUBJUNTIVO

1 Clasifica estos verbos según su irregularidad en el presente de subjuntivo y conjúgalos en las personas *yo* y *nosotros*.

• pedir	• conocer	• elegir	• llegar	• decir	• seguir
• querer	• sentir	• explicar	• poder	• preferir	• dormir

Irregularidades	yo	nosotros
e>ie:		
•	....	....
•	....	....
•	....	....
o>ue:		
•	....	....
•	....	....
e>i:		
•	....	....
•	....	....
•	....	....
c>qu:		
•	....	....
g>j:		
•	....	....
c>zc:		
•	....	....
g>gu:		
•	....	....

EXPRESAR (FALTA DE) CERTEZA Y EVIDENCIA

2 **Lee las frases y selecciona la forma correcta. Después escribe la frase opuesta.**

1. No estoy seguro de que los jóvenes *son/sean* responsables y *reciclan/reciclen* para proteger el medio ambiente.
....

2. Está demostrado que los pesticidas *contribuyen/contribuyan* a empeorar el entorno natural.
....

3. No está claro qué *hacen/hagan* los gobiernos a favor del medio ambiente.
....

4. Duda de que los medios de comunicación *son/sean* objetivos, pero no hay duda de que *ofrecen/ofrezcan* noticias reales.
....

5. Está claro que las sequías *favorecen/favorezcan* los incendios.
....

6. Supongo que *hay/haya* cosas que se pueden hacer para crear un mundo mejor.
....

7. Seguro que las inundaciones *provocan/provoquen* graves consecuencias.
....

8. No es cierto que *hago/haga* voluntariado ambiental este verano.
....

EL FUTURO IMPERFECTO. VERBOS IRREGULARES

3 Completa estos anuncios en futuro imperfecto y marca si las afirmaciones que se hacen son verdaderas o falsas.

 En la próxima edición de EcoFashion (venir) .... los mejores diseñadores de moda ecológica y (poder, nosotros) .... ver sus diseños. En esta feria (haber) .... profesionales de la moda, del sector textil y consumidores que (tener) .... la oportunidad de disfrutar de una moda llena de calidad. Los organizadores (hacer) .... talleres en los que (decir) .... cómo obtener tejidos naturales y en los que el público (poner) .... a prueba su conocimiento sobre el tema.

 EcoCultura es una feria de productos ecológicos y consumo responsable, en la que los visitantes (poder) .... ver la variedad que hay en este sector, (saber) .... los alimentos más beneficiosos para la salud y (comprarlos) ...., (valer) .... un poco más, pero merece la pena. En definitiva, los visitantes (salir) .... de la feria con una amplia información sobre productos para la higiene, terapias y medicinas complementarias, textil orgánico, etc., seguro que (querer) .... volver a la próxima edición para conocer las novedades.

Según lo que has leído: V   F

En EcoFashion

1. Los talleres serán prácticos.   ☐   ☐
2. Solo asistirán profesionales.   ☐   ☐
3. La calidad es una de las características importantes de la moda ecológica.   ☐   ☐

En EcoCultura

4. No se venden los productos presentados.   ☐   ☐
5. La información es tan útil que desearán repetir.   ☐   ☐
6. El visitante únicamente podrá ver las novedades.   ☐   ☐

4 Observa estas imágenes. Elije una y escribe un breve comentario explicando su futuro.

1. )))))

2. )))))

Foto (___): ....
....
....

EXPRESAR MIEDO Y PREOCUPACIÓN

5 Reconstruye estas frases con un verbo en la forma verbal adecuada.

1. Tenemos miedo de que nuestros bosques...
2. A los médicos les preocupa que...
3. Me preocupa que la comida envasada...
4. En general la gente tiene miedo de que no...
5. Nos preocupa que la contaminación...
6. Nos da miedo...
7. A los ecologistas les da miedo que...
8. A los amantes de la naturaleza nos preocupa que...

- sufrir
- desaparecer
- tener
- agotarse
- destruir
- haber
- aumentar
- causar

a. los recursos naturales.
b. problemas respiratorios.
c. debido a los incendios forestales.
d. suficiente agua dulce.
e. el número de enfermedades.
f. el medio ambiente.
g. efectos nocivos en la salud.
h. enfermedades debido a las centrales nucleares.

1	2	3	4	5	6	7	8

6 Completa tu lista de preocupaciones y miedos sobre estos temas. Usa las estructuras del cuadro.

- me da/n miedo (que)   - me preocupa/n (que)   - tengo miedo de (que)
- estoy preocupado/a   - asustado/a por

Alimentación y salud
- ....
- ....
- ....

Trabajo
- ....
- ....
- ....

Medio ambiente
- ....
- ....
- ....

EXPRESAR PROBABILIDAD

7 Lee estas noticias y resúmelas usando las siguientas expresiones.

- a lo mejor   - quizá(s)   - seguro que   - tal vez   - puede (ser) que
- posiblemente   - es posible/probable que   - probablemente

Museos del futuro «SoLoMo»

Sacar los museos fuera de sus paredes «a golpe de clic» será la clave para la gestión del futuro de los centros de arte, se apuesta por el modelo SoLoMo (social, local y móvil) que permitirá a los museos aprovechar todas las opciones que hoy vienen con los móviles con el fin de dar a conocer sus colecciones a un público más amplio, atraer a un mayor número de visitantes al centro y estar presente en las redes sociales en cualquier punto geográfico. Esto facilitará una nueva forma de comunicación con el usuario, porque permitirán enviarle mensajes y recibir sus reacciones y respuestas para saber qué quiere, qué le interesa y cómo mejorar, es decir, en considerar a este como el protagonista del museo.

Adaptado de www.finanzas.com

....
....
....

Ropa *inteligente* para vigilar el estado de salud

L A ropa del futuro será capaz de medir la temperatura corporal, el ritmo cardíaco o la tensión. Para ello, llevará incorporada sensores capaces de controlar nuestro estado de salud. De forma inmediata, los datos se transformarán en señales eléctricas que podrán ser enviadas a un ordenador o a cualquier dispositivo móvil, como un teléfono, para que las interprete un médico o el propio usuario.

La ropa que incorpore sensores químicos será útil para deportistas, pero también puede ser útil para vigilar el estado de los bebés, es el caso de los pañales con sensores químicos que analizarán la orina y avisará a los padres si los resultados sugieren que puede haber algún problema de salud. El precio de estos pañales, que serán desechables, no será un obstáculo, porque el coste de fabricación de los sensores será muy bajo.

Adaptado de www.elmundo.es

....
....
....

EXPRESAR ESPERANZA, DECEPCIÓN Y RESIGNACIÓN

8 **Forma frases completas con esta información.**

1. Decepcionar (a nosotros)/vivir (nosotros) en un mundo contaminado.
....

2. Esperar (vosotros)/los gobiernos hacer lo necesario para proteger los parques naturales.
....

3. Estar resignado a (yo)/ver (yo) basura en los bosques.
....

4. Desilusionar (a ellos)/las personas mentirosas.
....

5. Estar resignado a (tú)/el transporte público no funcionar.
....

6. Decepcionar (a ti)/las playas estar sucias.
....

7. Estar resignado a (vosotros)/vuestros compañeros no reciclar.
....

8. Ojalá/la gente ser más responsable con su entorno.
....

LAS ORACIONES CONDICIONALES CON *SI*

9 Completa el decálogo del buen veraneante con los verbos en la forma adecuada.

---

www.telecinco.es — Google

¿Cómo tener un día de playa sostenible?

1. Si (estar, usted) .... en el hotel y (tener) .... que ir a la playa, (elegir) .... la bicicleta como primera opción. Si (hacer) .... esto, (disfrutar) .... del paseo y no (contaminar) .... nada. Si no (poder) .... usar la bicicleta, (ir) .... en transporte público, así (evitar) .... atascos y problemas de aparcamiento. Si no (haber) .... otra opción que ir en coche, (compartirlo) .... con otras personas y no (abusar) .... del aire acondicionado.

2. Si (utilizar) .... bolsas de tela para llevar sus cosas a la playa y (evitar) .... las de plástico, (contribuir) .... a mejorar el medio ambiente, porque si las bolsas de plástico (llegar) .... al mar, (poder) .... ser mortales para los peces.

3. Si (llevar) .... botellas de vidrio, (tener) .... mucho cuidado con ellas y (depositarlas) .... en el lugar adecuado porque tardan muchos años en desaparecer.

4. Si (generar) .... basura, (tirarla) .... en los contenedores adecuados.

5. Si (ser) .... fumador, no (tirar) .... las colillas en la arena, (llevarse) .... un cenicero o un envase para guardarlas. Si (dejar) .... una sola colilla, (contaminar) .... hasta tres litros de agua.

6. Si (ir) .... con su mascota a la playa, no (olvidarse) .... de recoger sus excrementos.

7. Si (querer) .... disfrutar de su música en la playa, (ponerse) .... los cascos y no (elevar) .... demasiado el volumen de su voz. Si (hacer) .... esto, (evitar) .... la contaminación acústica y no (molestar) .... a las personas que están descansando a su alrededor.

8. Si (necesitar) .... ir al baño, (buscar) .... aseos antes de meterse en el mar.

9. Si (ver) .... conchas por la orilla, no (recogerlas) .... porque sirven de refugio para otros seres vivos.

10. Si (ducharse) .... en la playa, (recordar) .... que las duchas no son para lavarse sino para quitarse la arena rápidamente, así que no (utilizar) .... jabón porque va directo a la arena y contamina el agua.

Adaptado de www.telecinco.es

---

10 Escribe 5 ecoconsejos para ayudar a proteger las playas. Usa la estructura *si* + indicativo + imperativo.

1. ....
2. ....
3. ....
4. ....
5. ....

Expresar certeza y evidencia

- *Estoy seguro de que el clima está cambiando.*
- *Seguro que este verano hay sequía.*
- *Sé qué consecuencias tiene el cambio climático.*
- *Es cierto/verdad que las temperaturas han subido.*
- *Está claro/Es evidente que debemos concienciarnos.*
- *Está demostrado que eso es así.*
- *No dudo de la disminución de la capa de hielo.*
- *No dudo de que los ecologistas hacen todo lo que pueden.*
- *No dudo de cómo/cuánto/dónde afecta esto.*

Expresar falta de certeza y evidencia

- *No estoy (muy) seguro de que sea así.*
- *No estoy seguro de cuándo lloverá.*
- *No está claro/No es evidente que la gente comprenda esto.*
- *No está claro qué debemos hacer.*
- *No es verdad/cierto que las plagas estén erradicadas.*
- *Me parece que la situación es grave.*
- *Parece un cometa, pero no estoy seguro.*
- *Parece que las inundaciones son frecuentes.*
- *Dudo de que la sequía se acabe.*
- *Supongo que los mayores son los más afectados por el cambio climático.*

Hacer pronósticos y predicciones

- *La temperatura del aire continuará aumentando.*

Expresar miedo y preocupación

- *Estoy preocupado/asustado por la escasez de agua.*
- *Tengo miedo a/de (que) las industrias tiren residuos tóxicos al mar.*
- *Me da miedo el uso de los insecticidas/vivir cerca de una central nuclear/que la gente no cuide el medio ambiente.*
- *Me preocupa la contaminación atmosférica/ alimentarme con productos no ecológicos/ que los gobiernos no hagan nada.*
- *¡Qué miedo/horror!*

Expresar probabilidad

- *A lo mejor participo en un proyecto ecológico.*
- *Seguro que el proyecto tiene éxito.*
- *Puede (ser) que colabore en una ONG.*
- *Es posible/probable que trabaje con una ONG.*
- *Quizá(s)/Tal vez hago/haga un voluntariado.*
- *Posiblemente/Probablemente hay/haya muchas aves en peligro.*
- *—¿Por qué pasa esto?*
  —No sé, será por la contaminación.

Expresar decepción

- *Estoy decepcionado/desilusionado.*
- *¡Qué decepción/desilusión!*
- *¡Qué rabia!*
- *Me desilusiona/decepciona profundamente la actitud del gobierno ante el cambio climático/que el gobierno no haga nada para evitar los efectos negativos del cambio climático en el medio ambiente.*

Expresar resignación

- *Estoy resignado a vivir con el ruido en las grandes ciudades.*
- *Está todo perdido.*
- *Esto no tiene solución/arreglo.*
- *No hay nada que hacer.*
- *Otra vez será.*
- *¡En fin!*
- *¡Qué le vamos a hacer!*
- *¡Así es la vida!*

Expresar esperanza

- *Espero que sí/no.*
- *Espero vivir en un mundo sin contaminación/que el gobierno proteja el medioambiente.*
- *¡Ojalá!*
- *Ojalá (que) esta situación cambie.*

Expresar empatía

- *Ya, ya.*
- *Claro, claro.*
- *(Sí, sí) lo entiendo.*
- *¡Qué bien/pena/miedo/horror!*
- *Siento verte así/que estés decepcionado.*
- *Entiendo que estés desilusionado.*

Interrumpir

- *Un momento, ¿puedo decir algo?*
- *... (solo) una cosa...*
- *Perdona/Lo siento, pero ¿puedo decir una cosa?*
- *Perdona que te interrumpa, pero...*
- *Perdona que te corte, pero...*

Indicar que se puede reanudar el discurso

- *Continúa (por favor).*
- *Sigue, sigue (por favor).*

Expresar condición sobre algo que va a ocurrir

- *Si compartes el coche, el tráfico se reducirá.*

Aconsejar

- *Si no estás usando el agua, cierra el grifo.*

AHORA YA CONOCES

Efectos del cambio climático

- *erupción volcánica, deforestación, lluvia torrencial, huracán, plaga, sequía, inundación, regiones costeras, gases, recursos, temperatura, hábitat, islas.*

Contaminación

- *insecticidas, productos de limpieza, aparatos electrónicos, vehículos, productos desechables, ruido.*

Voluntariado ambiental

- *conservar, identificar, realizar, establecer.*
- *investigación, difusión, educación, elaboración, estudio, desplazamientos, obtención, ballena, pesquerías, acuicultura, salmonicultura, embarcación, bosque,*
aves, degradación vegetal, contaminación atmosférica, derretimiento de los glaciares, desertificación del suelo, fauna, riesgos.

Residuos

- *cuaderno, pañales, bote de champú, plato de cerámica, envase de yogur, pasta dentífrica, tapas de metal, tapones de corcho, vasos y platos de plástico, latas de conserva, folletos, frasco de perfume, caja de zapatos.*
- *reciclar, reducir, rechazar, reclamar, reflexionar, redistribuir, reutilizar.*

Expresiones idiomáticas

- *escurrir el bulto, estar (algo) en manos de alguien, traer (algo) cola, cumplir (algo) a rajatabla.*

Notas

Notas

Primera edición: 2012
Primera reimpresión: 2014
Segunda reimpresión: 2016
Edelsa Grupo Didascalia, S.A. Madrid, 2012.

Autoras: Montserrat Alonso Cuenca, Rocío Prieto Prieto.

Dirección y coordinación editorial: Departamento de Edición de Edelsa.
Diseño de cubierta: Departamento de Imagen de Edelsa.
Diseño y maquetación interior: Grafimarque, S.A.

Imprime: Lavel

ISBN: 978-84-7711-972-2
Depósito legal: M-34814-2012

Impreso en España/*Printed in Spain*